謎解きの英文法

動詞

久野暲・高見健一 著
Susumu Kuno　Ken-ichi Takami

help
hit at
promise

marry
enjoy
sell
come

くろしお出版

はしがき

みなさんは、(1a-c) に示すように、expect は目的語に to 不定詞句をとり、enjoy は動名詞句をとり、forget はその両方をとると習ってきたことでしょう（* は、それが付された表現が不適格であることを示します）。そして、他の多くの動詞についても、どの動詞はどのタイプの目的語をとるかを覚えてきたことでしょう。

(1) a. He expects **{to work / *working}** here.
 b. He enjoys **{working / *to work}** here.
 c. I forgot **{to check / checking}** my e-mail after supper.

でも、個々に覚えなくても、それを決定づけている規則がないのでしょうか。

次に、みなさんはご存知のことと思いますが、他動詞として一般に用いられる動詞が前置詞を伴って自動詞として用いられたり ((2a, b) 参照)、逆に、自動詞として一般に用いられる動詞が直接目的語をとり、他動詞として用いられることがあります ((3a, b) 参照)。

(2) a. The cat **scratched** the door.
 b. The cat **scratched at** the door.
(3) a. He **walked on** the Appalachian Trail.
 b. He **walked** the Appalachian Trail.

(a) と (b) では、どのような意味の違いがあるのでしょうか。両

者は一体どのように使い分けられているのでしょうか。

さらに、他動詞として一般に用いられる動詞が、その目的語を主語にして、次のように自動詞として用いられることがあります。

(4) a. This car **drives** easily. (cf. You can **drive** this car easily.)
 b. This house will **sell** easily.

(4a, b) は、「この車は簡単に運転できる」、「この家は簡単に売れるだろう」という意味で、まったく適格な文ですが、しかし次のように言うことはできません。

(5) a. *English **learns** easily. (cf. You can **learn** English easily.)
 b. *This house will **buy** easily.

(5a, b) の意図する意味は、「英語は簡単に学べる」、「この家は簡単に買えるだろう」で、(4a, b) と同じように思えるのに、どうして (5a, b) は不適格なのでしょうか。(4a, b) のような文はどのように使われるのでしょうか。

本書は、このような英語の動詞に関する疑問を取り上げ、その謎を解き明かします。みなさんはきっと、そこに整然とした規則があることを理解され、言葉の体系的な仕組みに驚かれることでしょう。

本書は10章からなります。第1章では、動詞 help を取り上げます。Help は次のように、to をとる場合ととらない場合で意味が異なると言われていますが (Bolinger (1974), Dixon (1991, 2005) 等)、この主張が正しいかどうかを検討します。

(6) a. John helped me move the sofa.
   b. John helped me **to** move the sofa.

　第2章では、meet, encounter, run into（〈人に〉偶然出会う）、marry（…と結婚する）、date（…とデートする）、resemble（…に似ている）のような動詞について考えます。これらの動詞は、たとえば John married Mary. は Mary married John. ですから、「相互動詞」（reciprocal verbs）と呼ばれますが、興味深いことに、これらの動詞は (7b) に示すように受身文になりません。また、たとえば、ジョンと彼の高校のクラスメートが結婚した場合、ジョンを主語にすることは可能ですが、彼の高校のクラスメートを主語にすることはできません。

(7) a. John **married** Mary just a year ago.
   b. *Mary **was married** by John just a year ago.
(8) a. John **married** his high school classmate last month.
   b. *John's high school classmate **married** him last month.

第2章では、このような相互動詞の特異性を観察し、相互動詞がなぜこのような振る舞いをするかを明らかにします。
　第3章から第5章までは、冒頭で述べた3つの問題をそれぞれ考察します。第3章では、(1a-c) で述べた疑問に答え、英語学習者が個々に覚えなくても、どの動詞はどのタイプの目的語をとるかを判定できる、極めて簡単で効果的な推定法を提示します。第4章では、(2a, b)、(3a, b) に示したように、ひとつの同じ動詞が他動詞としても、また、前置詞を伴って自動詞としても用いられる場合に、どのような意味の違いがあるかを明らかにします。第5章では、(4a, b)、(5a, b) に示したように、他動詞として一

般に用いられる動詞が、その目的語を主語にして自動詞として用いられる構文は、どのような場合に適格となるかを考察します。

　第6章から第8章の3章では、come と go がどのように使い分けられているかを明らかにしたいと思います。従来、両者は、「移動時に話し手または聞き手がいる（いた／いることになる）所への移動には come を用い、それ以外の所への移動には go を用いる」(Swan (2005: 109-110)) のように使い分けられると言われてきましたが、実際はもっと複雑であることを多くの例で示します。そして、両者の使用をコントロールしている規則を探りたいと思います。

　第9章では、命令文の不思議に迫ります。(9a, b) の命令文は不適格ですが、同じ動詞でも (10a, b) だと適格です。

(9)　a. ***Know** the answer.
　　 b. ***Love** this fruit.
(10) a.　**Know** that I will always be there for you.
　　 b.　**Love** me tender, Love me sweet.（"Love Me Tender" の歌の一節）

この章では、命令文がどのような場合に適格となるかを明らかにし、受身形の命令文や進行形、完了形の命令文についても考察します。

　第10章では、動詞 promise がとる構文パターンについて考察します。従来、この動詞は「promise + O〈人〉+ to do」(e.g. John **promised** Mary to visit Paris.) の構文パターンをとると言われてきましたが、このパターンを容認しない母語話者が多くいます。本章ではその現状を報告し、この構文パターンに関する近年の辞書に見られる記述を検討します。

本書ではさらに4つのコラムを設けました。コラム①では、食事などの際に「もう結構です」という辞退を表わす英語表現 "I'm good." について紹介します。この表現は、一体いつ頃から使われ始めたのか、また、くだけた家族の間でのみ使われるのか、そして疑問文としても使われるのかなどの疑問に答えます。コラム②では、新聞や雑誌の記事の見出しなどで、普通に思い浮かぶ意味とは別の解釈が可能で、思わず笑いを引き起こすような例を取り上げます。コラム③では、アメリカ英語とイギリス英語で、ある物を異なる名詞で表現する場合や、ある動作を異なる動詞で表現する場合を取り上げます。コラム④では、第6−8章で考察する come と go の使い分けに関連して、Would you like to {**come** / **go**} with me? のような文でどちらが用いられるかという問題を取り上げます。参考にしていただければ幸いです。

　この本を書くにあたり、多くの方々にお世話になりました。特に Karen Courtenay, Nan Decker のお二人からは、本書の多くの英語表現に関して有益な指摘をたくさんいただきました。また、お二人に加え、Phillip Brown, Andrew Fitzsimons, Alison Stewart の3氏からも本書の例文に関して貴重な指摘をいただきました。学習院大学の真野泰先生には、本書のいくつかの章やコラムの内容について議論していただき、有益な指摘をいただきました。さらに、くろしお出版の岡野秀夫氏と荻原典子氏には、本書の原稿や校正刷りを何度も通読していただき、多くの有益な助言をいただきました。ここに記して感謝します。

2016 年　初冬　　　　　著　者

目 次

はしがき *i*

第1章 Help someone VP と Help someone to VP は意味が違うのか? *1*

- 手助けの仕方が違う? *1*
- 母語話者の意見 *3*
- 実例の観察 *5*
- 結び *8*

第2章 相互動詞の特異性 *11*

- Meet や marry の不思議 *11*
- 相互動詞はなぜ受身にならないか? *13*
- 話し手はどの立場の視点をとりやすいか? *18*
- 「談話法規則違反のペナルティー」 *23*
- 相互動詞としての resemble *26*
- Resemble の特異性と「類似の基準」 *26*
- Divorce も相互動詞か? *30*
- 結び *31*

コラム① "I'm Good." *35*

第3章 He tried to open the door. と He tried opening the door. の違いは何か?
―不定詞句をとる動詞、動名詞句をとる動詞― *51*

- 不定詞句(to-VP)と動名詞句(VP-ing)のどちらをとる? *51*
- To不定詞句をとる動詞の意味的特徴 *55*
- 「To不定詞句をとる動詞」のリスト *57*
- 過去指向解釈の主動詞 *60*
- 過去指向解釈のない現在指向解釈動詞 *62*
- To不定詞句と動名詞句の両方をとる動詞
  ― 意味の違いがあるもの *66*
- To不定詞句と動名詞句の両方をとる動詞
  ― 意味の違いがないもの *70*
- 主動詞の意味に基づく動詞目的語タイプの推測方法 *72*
- 結び *75*

［補節］
- 動名詞句の意味上の主語が主動詞の主語と異なる場合 *76*

第4章 The cat scratched the door. と The cat scratched at the door. の違いは何か?
—他動詞構文と動能構文— *79*

- Hit, cut, kick は自動詞でも使う? *79*
- 動能構文のさらなる例 *82*
- これまでの説明とその問題点(1)
  — 行為が成立したかどうか *83*
- 行為が成立したかどうかは何によって決まる? *86*
- これまでの説明とその問題点(2)
  — どんな動詞が用いられるか *87*
- (15)と(16)-(19)は何が違っているか? *90*
- これまでの説明とその問題点(3)— 摂取動詞 *91*
- 他動詞構文と動能構文の意味の違い *93*
- 動能構文の「繰り返し」の意味はどこから生じるか? *99*
- 動能構文以外の前置詞の有無による意味の違い *100*
- 日本語の場合 *103*
- 結び *105*

コラム② What's My Column About? It's About 800 Words. *107*

第5章 This house will sell easily. と言えて、*This house will buy easily. と言えないのはなぜか？
―中間構文の適格性― *119*

- 他動詞の目的語が主語に？ *119*
- The door opened. や The vase broke. でも同じ？ *123*
- (9b)-(11b)の自動詞文と(1a-c)の中間構文はどこが違うか？ *126*
- 中間構文は何を表わそうとするのか？ *129*
- 母語話者が用いた中間構文の実例から *132*
- 中間構文に課される「特性制約」 *136*
- さらなる例の考察 *140*
- 結び *146*

コラム③ アメリカ英語とイギリス英語の違い *149*

第6章 Come と Go はどのように使われるか？(1)
―ふたつの重要概念― *159*

- これまでの説明 *159*
- 実際はもっと複雑 *162*
- 重要概念(1)―「ホームベース」 *164*
- 重要概念(2)―「視点」 *168*

第7章 Come と Go はどのように使われるか？(2)
―「ホームベース制約」― *173*

- ホームベース制約 *173*
- 「ホームベース制約」で説明できるさらなる例 *181*

目次 xi

第8章 Come と Go はどのように使われるか？（3）
―視点制約はホームベース制約にどう関わるか― *187*

- 同じホームベースへの移動なのにどうして適格性が違う？ *187*
- 「視点制約」 *190*
- 疑問文では話し手が聞き手の視点をとる *195*
- さらなる例文の説明 *196*
- 結び *198*

コラム④ Would you like to {come / go} with me? はどちらを使う？ *200*

第9章 命令文にはどんな動詞句が現われるか？ *207*

- 同じ命令文なのになぜ適格性が違う？ *207*
- 「自己制御可能な」(self-controllable)動詞句 *208*
- 受身形の命令文 *213*
- 進行形と完了形の命令文 *217*
- 結び *221*

第10章 Tom promised Ann to do it. は母語話者誰もが適格と認める構文パターンか？ *223*

- 「Promise+O〈人〉+to do」に関する従来の説明 *223*
- 「Promise+O〈人〉+to do」を認めない母語話者もいる *224*
- 「Promise+O〈人〉+to do」に関する近年の記述 *227*
- 結び *230*

付記・参考文献 *232*

［文頭に付されたマークが表わす意味］

-    ＊   不適格文
-   ??   かなり不自然な文
-    ?   やや不自然な文
- （?） やや不自然な文か適格文かの判断が揺れる文
-    √   無印と同様に適格文

Help someone VP と Help someone to VP は意味が違うのか？

第1章

● 手助けの仕方が違う？

動詞 help が、「〈人が〉～するのを手伝う」という意味で用いられる場合、次のように、目的語の後ろ（動詞句（VP=Verb Phrase）の前）に to をとってもとらなくてもいいと言われています。

(1) a. John helped me move the sofa.
  b. John helped me **to** move the sofa.

それでは、(1a) と (1b) の間に意味の違いはあるのでしょうか。
Bolinger (1974: 75) は次の2文を示し（太字は筆者）、help が to をとらない場合は<u>直接的な手助け</u>を表わし、一方、to をとる場合は<u>間接的な手助け</u>を表わし、両者はその表わす意味が異なると述べています。

(2) a. He **helped me climb** the stairs **by propping me up with his shoulder**. (He climbed with me.)
  「階段を上がるとき彼はずっと<u>肩で私を支えて</u>くれた。（彼は一緒に上がってくれた。）」

b. He **helped me to climb** the stairs **by cheering me on**.
「彼は私に声援を送り続けて、私が階段を上がるのを元気づけてくれた。」

(2a) では、話し手が階段を上がるのに、彼が肩で話し手を物理的に支え、直接的な手助けをしているので、help は to をとらないというわけです。一方 (2b) では、(2a) と異なり、彼は話し手に声援を送るだけで、話し手が階段を上がるのに手を貸したりするような直接的手助けを何らしていません。間接的な手助けをしただけですから、help は to を伴うというわけです(【付記1】参照)。

同じような主張は、Dixon (1991: 199, 2005: 201) にも見られます。Dixon は次の2文を示し、(3a) の to のない形は、主語のジョ

ンがプリンの一部を自分も実際に食べてやって、メアリーがそのプリンを食べ（終え）るのを手伝ったと解釈されるのに対し、(3b)のtoがある形は、その手伝い方がより間接的で、たとえばスプーンをメアリーの口に持っていって食べさせてやったというような手助けを表わすと述べています。

(3) a. John helped Mary eat the pudding.
　　 b. John helped Mary **to** eat the pudding.

　BolingerとDixonの上記の主張は、helpがtoをとらない場合は、主語の「直接的手助け」を表わし、helpがtoをとる場合は、主語の「間接的手助け」を表わすという形でまとめられます（【付記2】参照）。BolingerやDixonは、「形が異なればその意味も必ず異なる」という考えの著名な言語学者ですが、helpがtoをとる場合ととらない場合でこのような意味の違いがあるという主張は、本当に正しいのでしょうか。本章では、この問題を考えてみたいと思います。

● 母語話者の意見

　私たちは、9名の母語話者（アメリカ人6名、イギリス人2名、アイルランド人1名）に(2a, b)を示して、上記のような違いがあるか尋ねてみました。するとみな一様に、Bolingerとは意見が異なり、toがあるかないかで意味の違いはなく、両者は単に<u>スタイルや地域の違い</u>だとの回答でした（【付記3】参照）。そのうちの二人の回答を以下に日本語訳とともに示します。

(4) I think I would disagree with Dwight Bolinger on this use of

"help". His claim strikes me as wishful thinking – it would be nice if this variant held some meaning, but I don't think it does. It's like using "that" or not using "that" in the sentence pattern of "He said (that) he wanted to leave early."

「私は help のこの用法に関して、ボリンジャーとは意見が違います。彼の主張は、希望的観測という感じがします。この異なる形が何らかの意味を持っていればいいでしょうが、そういうことがあるとは思えません。これは、He said (that) he wanted to leave early. のような文パターンで、that を用いるかどうかというようなものです。」

(5) My opinion about the *help ...(to)* thing is that it's stylistic. I don't think I ever use the "to" – it seems old-fashioned, or too formal, to me. When someone else does though, I don't think it means anything different! I can't believe what Bolinger says. (【付記4】参照)

「Help が to をとるかどうかに関する私の意見は、それはスタイルの違いだというものです。私は決して to を使わないと思います。To を入れるのは古くさく、堅すぎるという感じがします。他の人が to を使っても、何か違うことを意味するとは思えません。ボリンジャーが言っていることが信じられません。」

また、Bolinger の例文 (2a, b) で、to の有無を入れ替えた次の2文の適格性に関しても、9名が全員、まったく違和感がなく適格だとのことでした。

(6) a. He helped me **to** climb the stairs by propping me up with his shoulder. (cf. 2a)

b. He helped me climb the stairs by cheering me on. (cf. 2b)

したがって、(2a), (3a) のような直接的手助けの場合は to をとらず、(2b), (3b) のような間接的手助けの場合は to をとるという、Bolinger や Dixon の主張は、妥当でないと考えられます。

● 実例の観察

次に、実例を見てみましょう。次の2例は、どちらも主語の女性と彼が、目的語の彼やシェリーが行なった行動に「手を貸して」、直接的な手助けをしていると解釈されますが、help が to を伴っています。

(7) a. **Taking him by the arm**, the woman helped him **to** climb out into the open air.（直接的手助け）
「その女性は彼の腕をかかえ、彼が戸外に這い出る手助けをした。」
b. He watched Sherri looking at him as she nodded, and **taking her by the arm** he helped her **to** sit on the edge of the bed again.（直接的手助け）
「彼は、シェリーがうなづきながら彼を見ているのをじっと見ていた。そして、彼女の腕をとって、彼女が再びベッドの端に座る手助けをした。」

(7a) では、女性が彼の腕を抱きかかえて、彼が戸外に這い出る手助けをしています。また (7b) でも、彼はシェリーの腕をとり、彼女がベッドに座る手助けをしています。つまり、これらの例では、その女性や彼は、明らかに彼やシェリーに「手を貸して」、

直接的な手助けをしています。それにもかかわらず、(7a, b) は to を伴っており、Bolinger の主張とはまったく逆になっています。

一方、次の2文は、主語が間接的な手助けのみをしていると解釈されますが、to がありません。

(8) a. Bran just handed me a knife he got off the counter in the kitchen that Sage **helped him climb onto by opening all the drawers and showing him how to climb**.（間接的手助け）
「ブランは、セイジが（台所の調理台の）引き出しを全部開け、（そこへの）上がり方を教えてくれたおかげで、台所の調理台に上がって行くことができ、そこで手に入れたナイフを私に手渡した。」

b. **Using the occasional cheers of support from the crowd helped me run** 5 [minutes] flat for the last mile.（間接的手助け）
「群衆が時々かけてくれる声援を糧に私は最後の1マイルを5分きっかりで走った。」

(8a) でセイジは、調理台の引き出しを開け、ブランに調理台へどのように上がって行くかを教えただけで、ブランがそこへ上がる際に直接手を貸してはいません。つまり、間接的な手助けのみをしていることになります。それにもかかわらず、この文は to を伴っていないので、Bolinger の主張と逆になっています。また(8b) では、群衆の声援は、ちょうど Bolinger の (2b) の例文で見たように、話し手が走る際の間接的な手助けでしかありませんが、この文でも to がありません(【付記5】参照)。

　Dixon (1991: 199, 2005: 201) は、(3a, b) (=John helped Mary (to) eat the pudding.) で述べたように、(3a) の to のない形は、ジョンがプリンの一部を直接食べてやったのに対し、(3b) の to がある形は、ジョンがたとえばスプーンをメアリーの口に持っていって食べさせたというような間接的手助けを表わすと主張しましたが、この点も以下の実例で妥当でないことが分かります(【付記6】参照)。

(9) a. He **helped a kid eat** his pudding **by pushing the spoon**, which scratched the kid's throat.
　　　「彼は、子供がプリンを食べるのにスプーンでプリンをその子の喉に入れて食べさせたが、スプーンがその

子の喉を引っ掻くことになってしまった。」

b. Jeremiah **helped Ross** eat his dinner **by cutting his food**.
「ジェレミアはロスが食事をするのに食べ物を切ってやって食べさせた。」

c. I also **helped him eat** his breakfast **by feeding him**. Since he has difficulty swallowing and breathing, eating is very difficult for him.
「私は彼に食べ物を差し出して、彼が朝食をとる手助けもした。彼は飲み込んだり息をするのが困難なので、食べるのがとても難しい。」

(9a-c) では、主語の彼やジェレミア、話し手は、目的語の子供やロス、彼がプリンや食事をする間接的な手助けをしているだけで、自分がそれを食べてはいません。それにもかかわらず、help はすべて to をとっていませんから、Dixon の主張も妥当であるとは考えられません。

以上、9 名の母語話者の意見と、(7a, b), (8a, b), (9a-c) の実例から、Bolinger, Dixon の主張は妥当でないと考えられます。そして、help someone VP と help someone **to** VP の間には、意味の違いはないと考えるのが妥当だと思われます(【付記 7】参照)。

● 結び

本章では、動詞 help が help someone (to) VP パターンをとるとき、to のない場合は、主語の直接的手助けを表わし、to のある場合は、主語の間接的手助けを表わすという、Bolinger, Dixon の主張を検討しました。そして母語話者の意見や実例を通して、この主張は妥当でなく、両者の間に意味の違いはないことを明ら

かにしました。Help が to を伴わない形は、イギリス英語よりもアメリカ英語でより多く用いられ、特にくだけた話し言葉で頻繁に用いられること、そして、近年は to のない形がイギリス英語でもますます用いられるようになってきたという、スタイルや地域の違いを知っておくだけでよいでしょう。

相互動詞の特異性

● Meet や marry の不思議

Encourage や shoot, praise, love のような多くの他動詞が受身になるのに対し、meet, encounter（ともに「〈人に〉偶然出会う」）、marry（「…と結婚する」）は、次に示すように受身にはなりません。

(1) a. John **encouraged** Mary in her studies.
    b. Mary **was encouraged** by John in her studies.
(2) a. John **met** Bill in Harvard Square today.
    b. *Bill **was met** by John in Harvard Square today.
(3) a. John **married** Mary just a year ago.
    b. *Mary **was married** by John just a year ago.

Meet が上の意味の場合、受身にならないことは辞書にも記載されていますが、それではどうして受身にならないのでしょうか。(1b) が適格なのに、(2b), (3b) が不適格なのはなぜでしょうか（【付記1】参照）。

Meet や marry には、さらに興味深い特徴があります。次の例を見てください。

(4) Mary had quite an experience at the party she went to last night.
    a. A *New York Times* reporter **asked** her about her occupation.
    b. *A *New York Times* reporter **met** her.

　　　　（cf. She **met** a *New York Times* reporter.）
(5)　a.　John **married** his high school classmate last month.
　　b.　*John's high school classmate **married** him last month.

　(4)で動詞が asked の場合は、a *New York Times* reporter を主語にして（4a）のように言えますが、met の場合は、a *New York Times* reporter を主語にして（4b）のようには言えず、she（=Mary）を主語にしなければなりません。また（5）では、ジョンと彼の高校のクラスメートが結婚した場合に、ジョンを主語にして（5a）のように言うことはできますが、彼の高校のクラスメートを主語にして（5b）のように言うことはできません。これはなぜでしょうか。

　Encourage や ask のような動詞とは違って、meet や marry がどのような性質の動詞か、もうお気づきかもしれません。A {met / married} B. は、B {met / married} A. と同義なので、このような動詞は、「相互動詞」（または「対称動詞」）（reciprocal verbs）と呼ばれています。そのような動詞を以下にあげます。

(6)　　**相互動詞**：meet, encounter, run into（〈人に〉偶然出会う）、marry（…と結婚する）、date（…とデートする）、resemble, look like（…に似ている）（【付記2】参照）

John **married** Mary.　　Mary **married** John.

相互動詞　　　　　　相互動詞

　本章では、上で指摘したような相互動詞の特異性がなぜ生じるのかを、他の動詞と比較しながら説明したいと思います。また、resemble / look like（…に似ている）は、A resembles B. は B resembles A. なので、(6) にあげたように相互動詞と言えますが、この動詞には、meet や marry のような典型的な相互動詞にはない興味深い特徴があります。ですから、その点も踏まえてこの動詞も以下で検討したいと思います。

● 相互動詞はなぜ受身にならないか？

　まず、受身文はどんなときに用いられるかを次の例をもとに考えてみましょう。

(7)　a.　Ms. Francer praised Josephine.（能動文）
　　　b.　Josephine was praised by Ms. Francer.（受身文）

フランサー先生がジョセフィンという生徒を褒めたとしましょう。話し手はこの事実を述べるのに、(7a) のような能動文でも、

(7b) のような受身文でも用いることができます。ただ受身文の場合、話し手は、「褒める」という行為を受けたジョセフィン寄りの立場から、つまり、<u>主語のジョセフィン寄りの視点からこの事実を述べています</u>。その点で、(7a) の能動文が、話し手の視点がフランサー先生寄りでも、ジョセフィン寄りでも、あるいは両者に中立の視点をとっているときにでも用いられるという点とは異なっています。この点から、受身文には次の「視点制約」があると規定できます（久野・高見（2005）『謎解きの英文法―文の意味』（第2章）参照）。

(8) **受身文の主語寄り視点制約**：受身文は、話し手がその主語の指示対象寄りの視点をとっているときにのみ用いられる。

したがって、(1a, b) でも同じことが言え、(1a)（=John encouraged Mary in her studies.）の能動文では、話し手は、ジョンとメアリーのどちら寄りの視点をとっていても、あるいは両者に中立の視点をとっていても、この文を述べることができるのに対し、(1b)（=Mary was encouraged by John in her studies.）では、話し手は励まされたメアリー寄りの視点からこの事象を述べていることになります。

次に、相互動詞のたとえば meet と date を考えてみましょう。「ジョンとビルが偶然ハーバードスクエアで会った」、「ジョンとメアリーがデートした」というような状況は、次のように4通りの表現が可能で、それらは論理的に同じ意味を表わしています。

(9) a. John and Bill met in Harvard Square today.
    b. Bill and John met in Harvard Square today.

    c. John met Bill in Harvard Square today.（ジョン寄りの視点）
    d. Bill met John in Harvard Square today.（ビル寄りの視点）
(10) a. John and Mary dated last Friday.
    b. Mary and John dated last Friday.
    c. John dated Mary last Friday.（ジョン寄りの視点）
    d. Mary dated John last Friday.（メアリー寄りの視点）

(9a, b) では、John and Bill あるいは Bill and John が主語であって、John だけ、Bill だけが主語であるわけではありません。一方、話し手は、(9c) では John だけ、(9d) では Bill だけを<u>意図的に</u>主語にしていますから、(9c) は、話し手が主語のジョン寄りの視点をとって述べた文、他方 (9d) は、話し手が主語のビル寄りの視点をとって述べた文、であると言えます。(10a-d) でもまったく同様のことが言えます。これに対して、John encouraged Mary in her studies.（=1a）のような文では、話し手が encourage という動詞を受身形にしないで用いれば、励ました行為者（John）を主語位置に、励まされた対象（Mary）を目的語位置に置かざるを得ないので、相互動詞とは異なり、話し手が John を主語にするのは、話し手の意図的な選択ではありません。

以上で、話し手が受身文を用いる場合は、その主語の指示対象寄りの視点をとっており、話し手が相互動詞を他動詞として用いる場合（(9c, d), (10c, d)）も、その主語の指示対象寄りの視点をとっていることが分かりました。それでは、相互動詞は、どうして次のように受身にならないのでしょうか。

(11) a. *Bill **was met** by John in Harvard Square today.（=2b）
    b. *Mary **was married** by John just a year ago.（=3b）

c. *Mary **was dated** by John last Friday.

　ここで、受身文が満たさなければならない基本的な意味条件を考えてみましょう。受身文の by 句は、通例、次に示すように、主語指示物に対して<u>何かを一方的に行なう</u>人間（や動物）の「行為者」（agent）や無生物の「準行為者」（semi-agent）、さらに主語指示物に対して何らかの心理状態を持つ「経験者」（experiencer）を表わします（久野・高見（2014）『謎解きの英文法—使役』（第3章）参照）。

(12) a. John was advised not to smoke any more by **his doctor**. （行為者）
　　b. A hiker was killed by **a grizzly bear** in the Yellowstone National Park last week. （行為者）［grizzly bear：ハイイログマ］
　　c. Many houses were destroyed by **the avalanche**. （準行為者）［avalanche：雪崩(なだれ)］
　　d. Sue is loved / admired by **her students**. （経験者）

つまり、受身文は、行為者（準行為者）や経験者がある対象に対して何かを一方的に行なったり、何らかの心理状態を持つ場合に、話し手が、その対象者寄りの視点をとって述べた文だということになります。

　他方、次の (a) 文は、(b) 文の不適格性が示すように、受身文になりません。

(13) a. This dress becomes you.
　　　「このドレスは、あなたによく似合う。」

b. *You are become by this dress.
(14) a.　This paper lacks originality.
　　　「この論文は、独創性に欠けている。」
　　b. *Originality is lacked by this paper.

(13a)は、問題のドレスが、聞き手によく似合っていると述べています。主語のドレスは、聞き手に対して何らの働きかけもしていません。同様、(14a)は、問題の論文が、独創性に欠けている、と述べています。論文は、独創性に対して何らの働きかけもしていません。これらの文の受身形(13b)、(14b)が不適格なのは、このように、主語の指示対象が目的語の指示対象に対して何も一方的に働きかけていないためです。

　上記の受身文が満たさなければならない基本的な意味条件の観点から(11a-c)を見てみると、(11a)のby句ジョンは、ビルにたまたまハーバードスクエアで出会っただけで、ビルに対して何も一方的に行なったりはしていません。また(11b)のby句ジョンは、メアリーとの同意のもとに結婚したわけで、結婚は二人のいわば共同行為です。ジョンがメアリーに対して何か一方的な行為を行なったわけではありません。(11c)のデートの場合も同様です。よって、これらの受身文は、上で観察した受身文が満たさなければならない基本的な意味的条件を満たしておらず、不適格となります(【付記3】参照)。

　これで、相互動詞が、(11a-c)のようになぜ受身にならないかが分かりました。それでは、相互動詞の場合は受身文以外で、話し手が目的語寄りの視点をとっていることを表わすにはどうすればいいでしょうか。これはすでに(9c, d)、(10c, d)で述べた通りです。つまり、受身文を用いなくても、(11a-c)の主語をそのままにして、次のように、相互動詞をそのまま他動詞として用い

る能動文があります。

(15) a. Bill **met** John in Harvard Square today.（=9d）
　　b. Mary **married** John just a year ago.
　　c. Mary **dated** John last Friday.（=10d）

したがって、(9c, d) や (10c, d) は、(9a, b) や (10a, b) のいわば「受身文」として特徴づけることができ、その点で話し手の視点が明示された「有標な」(= 特別な)（marked）構文ということになります。

● 話し手はどの立場の視点をとりやすいか？

　前節で、受身文では話し手の視点が主語の指示対象寄りであり、相互動詞の次のような文でも、話し手の視点が主語の指示対象寄りであることを説明しました。

(9)　c.　John met Bill in Harvard Square today.（ジョン寄りの視点）
　　d.　Bill met John in Harvard Square today.（ビル寄りの視点）

ここでまず、次の受身文と相互動詞を用いた文を見てください。

(16) a.　Then, **I** was criticized by **John** for being selfish.
　　b. *Then, **John** was criticized by **me** for being selfish.
(17) a.　**I** met **Mary** in Harvard Square today.
　　b. ***Mary** met **me** in Harvard Square today.

(16a) のように、「そのとき、私はジョンに自分勝手だと非難された」とは言えますが、(16b) のように、「*そのとき、ジョンは私に自分勝手だと非難された」とは言えません。(17a) でも、「私は今日メアリーにハーバードスクエアで偶然出会った」とは言えますが、(17b) のように、「*メアリーは今日私にハーバードスクエアで偶然出会った」とは言えません。これはどうしてでしょうか。

それは、話し手はある事象に自分と他人が関わっている場合、自分の視点からその事象を述べなければならず、他人寄りの視点をとることができないからだと考えられます。つまり、次のような視点制約があると考えられます。

(18) **発話当事者の視点制約**：話し手は、常に自分の視点をとらなければならず、自分より他人寄りの視点をとることができない。

そうすると、(16a) では、(8) の「受身文の主語寄り視点制約」により、話し手は主語 (= I) の自分寄りの視点をとっており、(18) の「発話当事者の視点制約」によっても、自分寄りの視点をとることを規制されるので、両者に矛盾がありません。よって (16a) は適格となります。一方 (16b) では、(8) の「受身文の主語寄り視点制約」により、話し手は主語 (= John) 寄りの視点をとっているにもかかわらず、(18) の「発話当事者の視点制約」により、話し手自身の視点をとることを規制されるので、両者に矛盾が生じます。よってこの文は不適格になると考えられます。つまり、話し手の視点関係に関して次の原則があると考えられます。

(19) **視点の一貫性**：単一の文は、話し手の視点関係に論理

的矛盾を含んでいてはならない。

このように考えると、(17a, b) も同様に説明されます。(17a) では、話し手が Mary ではなく I を主語にしているので、話し手自身の視点をとっており、これは「発話当事者の視点制約」と矛盾しないので、この文は適格です。一方 (17b) では、話し手が I (= me) ではなく Mary を主語にしているので、メアリー寄りの視点をとっていますが、これは「発話当事者の視点制約」と矛盾するので、(19) の「視点の一貫性」に違反してこの文は不適格となります。

さらに次の文を見てみましょう。

(20) Mary had quite an experience at the party she went to last night.
   a. **A *New York Times* reporter** asked **her** about her occupation. (=4a)
   b. **She** was asked by **a *New York Times* reporter** about her occupation.
(21) Mary had quite an experience at the party she went to last night.
   a. ***A *New York Times* reporter** met **her**. (=4b)
   b. **She** met **a *New York Times* reporter**.

(20a) と (21a) は、ともに、不定名詞句の a *New York Times* reporter を主語とし、Mary を指す代名詞 her を目的語としていますが、先行する導入文 Mary had quite an experience at the party she went to last night. に続く文としては、(20a) は適格で、(21a) は不適格です。これはどうしてでしょうか。

それは、談話にすでに登場し、主題（話題）となっている人物と、談話に新しく登場する人物がある事象に関わっている場合、

話し手は自分の視点を前者寄りにしてその事象を述べるのが一般的だからだと考えられます。つまり、次のような視点制約があると考えられます。

(22) **談話主題の視点制約**：話し手は、談話にすでに登場している人物に視点を近づける方が、談話に新しく登場する人物に視点を近づけるより容易である。

(20b) では、(8) の「受身文の主語寄り視点制約」により、話し手は主語のメアリー寄りの視点をとっており、(22) の「談話主題の視点制約」によっても、メアリー寄りの視点をとることを規制されるので、両者に矛盾がありません。よって (20b) は適格となります。同様に、相互動詞 meet が用いられている (21b) では、(9c, d), (10c, d) で見たように、相互動詞は、主語寄りの視点を示しますから、この視点と、「談話主題の視点制約」が規制する主語寄りの視点との間に矛盾がありません。したがって、(21b) も適格となります。

それでは、与えられた文脈で (20a) が適格であり、(21a) が不適格であることは、どう説明されるのでしょうか。私たちは、能動文 (7a)(= Ms. Francer praised Josephine.) について、この文は、話し手の視点がフランサー先生寄りでも、ジョセフィン寄りでも、あるいは両者に中立の視点をとっているときにでも用いられると述べました。主動詞が asked の (20a) は能動文ですから、この 3 つの視点を表わし得ます。したがって、それと、「談話主題の視点制約」が規制する主語寄りの視点との間に矛盾がありません。よって、(20a) は適格となります。他方 (21a) は、相互動詞文ですから、主語 a *New York Times* reporter 寄りの視点を規制しますが、「談話主題の視点制約」が目的語の her (=Mary) 寄

りの視点を規制するので、矛盾が起き、(21a) が不適格となるわけです。

さらに次の受身文と相互動詞を用いた文を見てみましょう。(23) は、アンとスーがルームメートで、アンがスーに昨晩非難されたことを伝える文です。

(23) a. **Ann** was criticized by **her roommate** last night.
　　　　(her (=Ann's) roommate = Sue)

　　b. ??/* **Sue's roommate** was criticized by **her** last night.

(5) a. 　John **married** his high school classmate last month.

　　b. 　* John's high school classmate **married** him last month.

(23) についての上記の想定のもとで、(23a) のように、「アンは彼女のルームメート (=スー) に非難された」とは言えますが、主語の Ann を Sue's roommate に言い換えて、(23b) のように言うことはできません。また (5a, b) では、すでに見たように、ジョンと彼の高校のクラスメートが結婚した場合に、ジョンを主語にして (5a) のように言えますが、彼の高校のクラスメートを主語にして (5b) のように言うことはできません。これはどうしてでしょうか。

それは、Sue's roommate のような表現が、話し手が問題の出来事を報告するのに、スー寄りの視点をとっているからだと考えられます。なぜなら、Sue's roommate という表現は、スーを基準にして、スーとどういう関係にあるかによって、アンを記述しているからです。つまり、次のような視点制約があると考えられます (久野・高見 (2005)『謎解きの英文法—文の意味』(第2章) 参照)。

(24) 　**対象詞の視点制約**：ある指示対象 (たとえば Ann) を、

指示対象 X（たとえば Sue）に基づいた表現で表わしている文は、話し手が X 寄りの視点をとっていることを表わす。

そうすると、受身文 (23a) は、主語がアンなので、(8) の「受身文の主語寄り視点制約」により、話し手がアン寄りの視点をとっており、by 句の her (=Ann's) roommate も話し手がアン寄りの視点をとっていることを表わすので、これらの視点関係が矛盾せず、適格となります。一方 (23b) の受身文は、主語が Sue's roommate (=Ann) なので、話し手がアン寄りの視点をとっていますが、この表現は、話し手がスー寄りの視点をとっていることを表わすため、両者の視点関係が矛盾し、不適格となります。同様に、(5a) は、話し手が married の主語を意図的にジョンにしているので、ジョン寄りの視点をとっており、his (=John's) high school classmate も話し手がジョン寄りの視点をとっていることを表わすので、これらの視点関係が矛盾せず、適格となります。一方 (5b) は、主語が John's high school classmate なので、話し手はクラスメート寄りの視点をとっていますが、この表現は、話し手がジョン寄りの視点をとっていることを表わすため、両者の視点関係が矛盾して不適格となります。

●「談話法規則違反のペナルティー」

私たちは前節で、(17b)（以下に再録）のような文がなぜ不適格かを説明しました。

(17) b. ***Mary** met **me** in Harvard Square today.

ところが、次の文は、不適格なはずの *she had met me を埋め込み文としているにもかかわらず、何の問題もない適格文です。

(25) Mary told me that **she had met me** at John's party a month before.

(17b) が不適格なのに、なぜ (25) は適格なのでしょうか。
　実は、この答えは、久野・高見（2015）『謎解きの英文法―副詞と数量詞』（第 8 章）ですでに紹介されていて、覚えている読者もおられるでしょう。これは、メアリーが言ったことを直接話法で表わすと明らかになります。

(26) **直接話法**：
　　　　Mary said to me, "**I met　　　you** at ... a month **ago**."
　　間接話法：　　　　↓　　　　　　↓　　　　　　　　　　↓
　　　　Mary told me that **she had met me** at ... a month **before**.

(25) の *she had met me は、直接話法の適格表現 I met you を間接話法にすると自動的に生じる表現であって、話し手が<u>意図的に</u> had met の主語位置に she, 目的語位置に me を置いたわけではありません。つまり、<u>話し手はここで、「発話当事者の視点制約」に意図的に違反しているわけではありません</u>から、そのペナルティーがなく、(25) が適格になると考えられます。したがって、次の原則が存在すると考えられます（久野（1978: 39）参照）。

(27) **談話法規則違反のペナルティー**：談話法規則の「意図的」違反に対しては、そのペナルティーとして、不適格性が生じるが、「非意図的」違反に対しては、ペナルティー

がない。

ここで、もうひとつ同じような例を考えてみましょう。

(28) Speaker A: John says he hasn't met you before.
　　　 Speaker B: Oh, he must have forgotten. **He met me** last year at Mary's party.

話し手（B）の **He met me** last year at Mary's party. も不適格なはずですが、何の問題もない適格文です。これはどうしてでしょうか。

それは、話し手（B）は、自ら意図的に He met me ... という構文パターンを選択したのではなく、話し手（A）が（John says）**he hasn't met you** before. と言ったのに対し、それを訂正するために、同一の構文パターンを用いて **He met me** last year at Mary's party. と言っているからです。つまり、次のような原則に従っていると考えられます。

(29) **訂正文パターンに課される制約**：誰かが言った文の一部を修正する際は、同一の文パターンを維持し、必要な時制や人称の変化をした上で、修正すべき部分のみ修正せよ。

話し手（B）は、話し手（A）の he（=John）hasn't met you before. を修正しようとしています。したがって、話し手（B）は、(29)の制約に従って、(28A)と同一の文パターンを用い、he（=John）を主語位置にし、you を me に代えて目的語位置に置いています。そのため、話し手（B）の視点が一貫していないのは、話し手（B）

の意図的な操作ではなく、(29) の制約に従ったものであり、これは (27) の「談話法規則違反のペナルティー」により、そのペナルティーがなく適格となります。

● 相互動詞としての resemble

容貌などの点で、たとえばルーシーがスーザンに似ていれば、逆に、スーザンはルーシーに似ているので、これを表わす動詞 resemble (や look like) は相互動詞です。高校では、resemble も受身にできない動詞としてよく取り上げられます。たとえば次の (30) のような受身文は不適格です。

(30)　*Susan is resembled by Lucy.

(30) が不適格な理由は、もうお分かりのことと思いますが、meet や marry の場合と同様に、by 句のルーシーは、スーザンに似ているだけで、ルーシーはスーザンに対して何も一方的に行なっていませんから、受身文の基本的な意味条件を満たしていないためです(【付記4】参照)。そして、話し手がスーザン寄りの視点をとっていることを表わすには、(30) の受身文がなくても、(31) の能動文を使えばいいわけです。

(31)　Susan resembles Lucy. (スーザン寄りの視点)

● Resemble の特異性と「類似の基準」

相互動詞の meet や marry, date は、すでに見たように、次の4通りの表現ができます。

(9) a. John and Bill met in Harvard Square today.
   b. Bill and John met in Harvard Square today.
   c. John met Bill in Harvard Square today.（ジョン寄りの視点）
   d. Bill met John in Harvard Square today.（ビル寄りの視点）

しかし、resemble は、(9a, b) に相当する表現ができません。

(32) a. *John and Bill resemble.
   b. *Bill and John resemble.
   c. John resembles Bill.（ジョン寄りの視点）
   d. Bill resembles John.（ビル寄りの視点）

不適格な (32a, b) は、resemble の後に each other をつけて、次のように言わなければなりません。

(33) a. John and Bill resemble **each other**.
   b. Bill and John resemble **each other**.

したがって、(9c, d) と (32c, d) の共通性は、resemble が相互動詞のひとつの特性を持っていることを示していますが、(32a, b) のように言えないという点は、resemble が、相互動詞の典型である meet や marry とは異なっており、純粋な相互動詞ではないことを示しています。

Resemble にはさらなる特異性があります。(32c, d) はどちらも適格ですが、このような言い換えが常に成立するわけではありません。次の例を見てください。

(34) a.　John resembles his father.
　　b. *Mike resembles his son.
(35) a.　None of Mary's children resembles her.
　　b. *Mary doesn't resemble any of her children.

(34a), (35a) は、何の問題もない適格文ですが、論理的に意味内容が同じはずの (34b), (35b) は、冗談でもない限り、言うことができず不適格です。

これはなぜでしょうか。それは、社会常識的に言って、子供は親に似たり、似なかったりしますが、親が子供に似たり、似なかったりするということはあり得ないからですね。同様に、たとえば弟や妹がその兄や姉に似ているとは言えますが、その逆は言えません（【付記５】参照）。

同じようなことは、たとえば次の (a) はまったく自然ですが、(b) のようには言えないという点にも見られます。

(36) a.　**This girl** resembles **Marilyn Monroe**.
　　b. ***Marilyn Monroe** resembles **this girl**.

ある少女が社会的に有名な女優のマリリン・モンローに似ているとは言えますが、マリリン・モンローがある少女に似ているとは言えません。つまり、resemble の目的語は、主語の指示対象が似ているという場合に、その「類似の基準」として機能しています。そして、その類似の基準には、親や兄・姉、有名人などはなれますが、たとえば親のことを子供を基準にして、「似ている」と述べることはできません。その点で、meet や marry, date のような相互動詞は、A {met / married / dated} B. = B {met / married / dated} A. と一般に言えるのに対し、resemble の場合は、必ずしもそうとは

言えず、目的語が類似の基準になり得る場合のみ可能です。その点で、resemble は典型的な相互動詞とは言えないことに注意してください。

以上をまとめて、次の制約を規定しておきましょう。

(37) **Resemble の類似の基準制約**：Resemble の目的語は、主語指示物が目的語指示物に似ているという際の「類似の基準」として機能する。そのため、目的語が類似の基準となり得ない場合、A resembles B.（e.g. *Mary resembles her daughter.）とは言えない。

ここで、次の 2 文を見てください。

(38) a.　　**I** resemble **John Smith**.
　　 b.　　??/***John Smith** resembles **me**.

(38a) はまったく問題のない文ですが、(38b) は極めて不自然な文です。そのひとつの理由は、話し手が自分ではなく、John Smith を主語にして、スミスさん寄りの視点をとっていますが、これは (18) の「発話当事者の視点制約」が話し手に要請すること（=話し手は常に自分の視点をとらなければならない）と矛盾するからです。

そしてもうひとつの理由は、母語話者が (38b) を次のように感じるという点です。彼らは、この文の話し手が信じられないくらい自己中心的で（incredibly egocentric）、世界があたかも自分を中心に廻っているかのように思っているようだと言い、普通はそのようには表現しないと言います。なぜ自己中心的に聞こえるか、理由はもうお分かりだと思います。(38b) は、話し手が自分

自身を「類似の基準」にしているからです。

● Divorce も相互動詞か？

Marry (「…と結婚する」) が相互動詞なので、divorce (「…と離婚する」) も相互動詞だと思われる方が多いことと思います。実際、divorce も次のように 4 通りの表現が可能です。

(39) a. John and Mary divorced.
  b. Mary and John divorced.
  c. John divorced Mary.
  d. Mary divorced John.

しかし、結婚は、当事者双方の同意のもとに成立するものですが、離婚はそうとは限りません。片方が離婚を一方的に言い出し、その手続きを起こして、相手がそれを最終的に認めるというような場合もあります。実際、(39a, b) では、ジョンとメアリーのどちらが離婚を言い出し、その手続きを開始したのか分かりませんが、(39c) ではジョンが、(39d) ではメアリーが、離婚をしようとしたことが明らかです。したがって、divorce は、marry と違って、必ずしも「相互的」ではありません。

その証拠に、離婚をしようとしたのがどちらであるかが分かるような文脈を示せば、divorce は marry と違って、次のように受身文になります（いずれも実例）。

(40) a. He **was divorced by** his second wife after only 6 months of marriage when she tired of his womanizing.
  「彼の女遊びにうんざりした 2 番目の妻に、彼は結婚

後わずか半年で離婚された。」

b. A man **was divorced by** his wife in 2008 for running across China to support the 2008 Beijing Olympics.
「ある男が、2008年の北京オリンピックを援助しようと中国中を走り回ったことで、妻に2008年に離婚された。」

c. She **was divorced by** her husband about 10 years after they married because, as he put it, "She was nuts!".
「彼女は、夫が言うには頭がおかしいとのことで、結婚して約10年後に夫に離婚された。」

d. While he was in prison, Bakker **was divorced by** Tammy Faye, his wife of 31 years.
「バッカーは服役中に、31年間結婚していた彼の妻タミー・フェイに離婚された。」
(Tammy Faye Messner (1942-2007) は、歌手、福音伝道者、起業家、作家、テレビタレントで、1961年から1992年までテレビで伝道活動をしており、後に詐欺罪で有罪の判決を下された Jim Bakker と31年間結婚していた。)

以上から、divorce は相互動詞とは言えないことが明らかです。そして、私たちが divorce を (6) の相互動詞のリストになぜ入れていないか、これでお分かりのことと思います。

● **結び**

本章では、meet, marry, date のような相互動詞について考察し、たとえば、冒頭で示した次のような文がなぜ不適格となるかを明

らかにしました。

(2) b. *Bill **was met** by John in Harvard Square today.

(3) b. *Mary **was married** by John just a year ago.

(4) Mary had quite an experience at the party she went to last night.
b. *A *New York Times* reporter **met** her.
(cf. She **met** a *New York Times* reporter.)

(5) b. *John's high school classmate **married** him last month.

(17) b. ***Mary** met **me** in Harvard Square today.

(2b) や（3b）の受身文が不適格なのは、これらの文が、受身文の基本的意味条件（=by 句の行為者が、ある対象に対して何かを一方的に行なう）を満たしていないからであることを示しました。

また、(4b)、(5b)、(17b) が不適格なのは、話し手がこれらの文の主語の指示対象寄りの視点をとっているにもかかわらず、それが次のような視点制約と矛盾し、「視点の一貫性」（以下に再録）に違反しているからであることを示しました。

(22) **談話主題の視点制約**：話し手は、談話にすでに登場している人物に視点を近づける方が、談話に新しく登場する人物に視点を近づけるより容易である。

(24) **対象詞の視点制約**：ある指示対象（たとえば Ann）を、指示対象 X（たとえば Sue）に基づいた表現で表わしている文は、話し手が X 寄りの視点をとっていることを表わす。

(18) **発話当事者の視点制約**：話し手は、常に自分の視点をとらなければならず、自分より他人寄りの視点をとることができない。

(19)　**視点の一貫性**：単一の文は、話し手の視点関係に論理的矛盾を含んでいてはならない。

さらに、(17b) で示した *Mary met me. のような不適格文が、次の (28B) で適格文となるのは、以下に再録する「談話法規則違反のペナルティー」と「訂正文パターンに課される制約」により説明されることを示しました。

(28)　Speaker A: John says he hasn't met you before.
　　　Speaker B: Oh, he must have forgotten. **He met me** last year at Mary's party.
(27)　**談話法規則違反のペナルティー**：談話法規則の「意図的」違反に対しては、そのペナルティーとして、不適格性が生じるが、「非意図的」違反に対しては、ペナルティーがない。
(29)　**訂正文パターンに課される制約**：誰かが言った文の一部を修正する際は、同一の文パターンを維持し、必要な時制や人称の変化をした上で、修正すべき部分のみ修正せよ。

次に、resemble が受身にならないのは、(2b) や (3b) と同様であることを示し、この動詞は、目的語が「類似の基準」とならなければならないので、次のような表現は容認されないことを指摘しました。

(41) a. ***Susan** resembles **her children**.
　　 b. ***Marilyn Monroe** resembles **this girl**.（=36b）

したがって、resemble は、A resembles B. が必ずしも B resembles A. とはならず、その点で典型的な相互動詞とは言えないことを示しました。

そして最後に、divorce は、marry と違って、受身になり得ることを示して、この動詞は相互動詞ではないことを指摘しました。

"I'm Good."

　筆者の孫娘カマリ（Kamali）が中学生になった頃、近郊に住んでいる二人の娘の家族と私たちが集まってファミリーディナーをするときに、次のような会話を耳にするようになりました。揚子は、筆者の妻です。

（1）揚子：　　Do you want some more soup?
　　　カマリ：　I'm good.（【付記1】参照）

カマリの"I'm good."という返事は、もちろん、「結構です；No thanks」という意味ですが、筆者はそれまで米国に50年余り住んでいて、この表現が辞退の意味で使われるのを聞いたことがありませんでした（【付記2】参照）。日本語でも、goodの原意「良い」と類似した意味を表わす「結構（例：結構な頂戴もの）」が、「結構です」のように辞退を表わすのにも使えるので、"I'm good."が辞退を表わす表現として用いられても不思議ではないのですが、goodの原意「良い」が邪魔をしてか、最初の数回この表現を聞いたときには、奇妙な表現だという強い印象を持たざるをえませんでした。一体、いつ頃からこの表現が辞退を表わすために使われ始めたのか、その使用が、インフォーマルな家族の間に限られているのか、あるいは、たとえば、目上の人との会話にも使えるのか、また"Are you good ?"「（意図された意味）あなたも、もういいですか」の

ように、疑問文としても使えるのか、さらにお母さんが幼い息子の Bill について、「Bill も、もう結構です」という意図で、"Bill's good, too." などと言えるのか、と好奇心が次から次に起き、極く限られたスコープで調べてみましたので、その結果をこのコラムでお伝えしたいと思います。(「いつ頃からこの表現が辞退を表わすために使われ始めたのか」についての答えは、このコラムの最後になります。) また、"I'm good." が辞退を表わす表現として使えるいろいろなコンテキストで、他のどのような辞退表現が使えるかも列記して、読者の用に供したいと思います。

◆辞退を表わす "I'm good." は、子供言葉か?

答えは、ノーです。カマリの母親アリサ (Alisa) は、50 近くの年齢ですが、自由に使っています。念のため、ファミリーディナーの際に、筆者自身も "I'm good." を使ってみました。

(2) アリサ:　Daddy, do you want some more soup?
　　筆者:　?? I'm good.

そうすると、アリサとカマリが二人ともげらげら笑いだしました。筆者のように、あまりくだけた表現を使わない人が突然使ったら滑稽だということです。米語のネイティヴ・スピーカーの 80 過ぎの老人が使ったとしたらどうか、と尋ねたら、そんな老人は、この表現を使わないだろう、ということでした。実は、この表現は、ボストン近郊に住んでいる現在 50 歳近く (アリサの年齢) の人までが使う表現と言えるようです。どうして、このような年齢上限ともいうようなものがあるかということの説明は、このコラムの最後でいたします。

◆ 食卓での辞退を表わす表現は、"I'm good." のほかに、どんなものがあるか。

(3) 母親： Do you want some more beef?
　　息子： a. I'm good.
　　　　　 b. I'm ok.
　　　　　 c. No thanks.
　　　　　 d. I'm full, thanks.
　　　　　 e. I'll pass this time.
　　　　　 f. I'll have some later.
　　　　　 g. Maybe later.

◆ 食事の終わりが近づいたときに、もう少し食べないかと言われたとき、何と言って断るか。

(4) a. I'm good.
　　 b. I'm ok.
　　 c. I'm full now; I'm too full.
　　 d. I'm stuffed now.
　　 e. I don't have any more room in my stomach.
　　 f. I can't possibly eat any more.
　　 g. I'll leave some room for dessert.

◆ 食事の終わりに、美味しいお料理をどうもありがとう、と言うときに使う表現

ついでに、よその家庭に招かれたとき、食事が終わったときに使える表現を2、3あげておきましょう。

(5) a. The food was delicious.
　　 b. Dinner was so great – thank you.

c. The dinner was such a treat; This was such a treat.

◆ **辞退を表わす "I'm good." は、日本語会話だったら敬語を使うような相手に使ってもよいか。**

答えは、イエスです。次の会話を見てください。

(6) [Johnson 准教授が、論文指導をしている学生たちを夕食に招待する。Bill は、その学生たちの一人]
Johnson：Bill, can I give you some more wine?
Bill：　　I'm good.

Bill の返事は、Thanks なしでも、適格文です。しかし、聞き手が年配の教授なら、Thanks, あるいは Thank you が必要となるでしょう。

◆ **辞退を表わす "I'm good." は、レストランでも使えるか。**

答えはイエスです。たとえば、レストランで、ウェイターがグラスに水を注ぎに来たようなとき、次のように言うことができます（【付記3】参照）。

(7) a. I'm good, thanks.
　　b. I'm ok, thanks.
　　c. （グラスに手をかぶせながら）
　　　 I don't need any more water.

(7a, b) で、thanks の代わりに thank you を使えば、さらに丁寧な発話になります。

◆ 辞退を表わす "I'm good." は、食べ物以外にも使えるか。

答えはイエスです。次の文脈を見てください。

(8) ［家族が公園を散歩しているとき、父親がベンチがあるのを見て］
　　父親：Let's take a rest on the bench over there.
　　　　　［娘が座ろうとしないのを見て］
　　父親：Mary, you can squeeze in here.
　　　　　「メアリー、ここに何とか座れるよ。」
　　娘：a. I'm good.
　　　　b. I'm ok to stand.
　　　　c. I can stand.
　　　　d. I don't need to sit.

同様、次のような状況でも使えます。

(9) [息子が友達と映画を見に行こうとしているとき]
　　　母親：Do you have enough money?
　　　息子：a. I'm good, thank you.
　　　　　　b. I'm ok.
　　　　　　c. I don't need any money.
　　　　　　d. I'm all set.

◆辞退を表わす "I'm good." は、一人称主語の肯定文に限られた固定表現か？

熟語表現の中には、構文法的、あるいは非構文法的に、厳し

い使用制限を受けるものがあります。たとえば、次の文を見てください。

(10) a. The old man **kicked the bucket**.
b. *The bucket was kicked by the old man.
c. *The old man is kicking the bucket.
d. cf. The old man is dying.

"Kick the bucket"には文字通りの「バケツを蹴る」を意味する用法のほかに、"die"の意味を表わす熟語用法があります。この熟語は、(10b)の不適格性が示すように、受身形で用いられることができません。また、(10d)の適格性が示すように、"die"は進行形で用いられて「死にかけている」という意味を表わしますが、(10c)の不適格性が示すように、"kick the bucket"には、そのような用法がありません（Chungmin Lee (1993) "Frozen Expressions and Semantic Representation"『語学研究』第29巻第3号、301-326）。また、この表現がとり得る主語は、大人の人間でなければならないという制約があります。次の例文を見てください（【付記4、5】参照）。

(11) a. John kicked the bucket.
b. *The infant kicked the bucket.
c. *The horse kicked the bucket.
d. *The snail kicked the bucket.
e. *My orchid kicked the bucket.

幼児、高等動物の馬、下等動物のカタツムリ、植物のランはみ

な死ぬことはありますが、(11b-e) はいずれも不適格文です。したがって、熟語 "kick the bucket" は、その主語について、厳しい非構文法的制約を受けていることになります。

　それでは、辞退を表わす "I'm good." は、"kick the bucket" のように構文法的、非構文法的制約の多い半ば固定化した熟語でしょうか、それとも、辞退をするときにも使える "I'm OK." のように、熟語性のない表現でしょうか。

　この問いの答えは、辞退を表わす "I'm good." は、<u>熟語性の薄い表現</u>ということになります。

(12) a. 祖母：Mary, do you want some more soup?
b. Mary: I'm good.
c. 祖母：Jane, are you good, too?

筆者の娘アリサと孫のカマリは、二人称主語の疑問文 (12c) を適格文と判断します。(もちろん、これは、その直前に、"good" が「結構です」と言う意味で使われている文があるからです。) ですから、辞退を表わす "I'm good." は、完全に固定化されたイディオム表現ではありません。

　他方、アリサとカマリは、次の (13b) の2番目の文を与えられた文脈で不適格と判断します。

(13) a 祖母：Mary, do you want some more soup?
b. [Mary は 14 歳、Bill は 10 歳の弟]
　 Mary: I'm good. *Bill's good, too.

これは、辞退を表わす "I'm good." 構文が、三人称主語をとって用いられることが<u>困難</u>であることを示します。

しかし、二人は、次の文は適格だと判断します。

(14) a. 祖母：Mary, do you want some more soup?
b. [Bill は、Mary の 3 歳の息子]
　　Mary: I'm good. Bill's good, too.

(13b) の "Bill's good, too." が不適格なのに、どうして (14) の文脈の "Bill's good, too." は適格なのでしょうか。読者のみなさんには、もうその理由が明らかなことと思います。"Bill's good, too." は、その話し手が Bill の気持ちを代弁している発話です。(14) の Mary は、幼い息子の母親ですから、もし祖母が直接 Bill に "Bill, do you want some more soup?" と尋ねていれば、Bill が言うだろうこと、あるいは言うべきことを代弁する資格があります。他方、(13) の Mary は、もう 10 歳にもなっている Bill の姉（14 歳）ですから、弟の答えを代弁する資格がありません。(13) と (14) の違いは、この違いに起因します。したがって、話し手が三人称主語の指示対象を代弁する資格があるときには、辞退の解釈の "I'm good." 構文が適格文になります。

さらに、三人称主語の辞退の意味の "I'm good." 構文は、直接話法の "I'm good." が間接話法化された場合にも現われます。

(15) Mary asked Tom if he needed some money, and he told her he was good.

この文は、まったく問題のない適格文です。
　以上の考察から、辞退の意味の "I'm good." は、イディオ

ムとして固定化された表現ではなく、その使用上の唯一の制限は、言語的、あるいは非言語的文脈(たとえば、ジェスチャー)によって、何かがこの構文の主語の指示対象に提供されていることが明らかでなければならない、ということだけになります。

◆いつ頃から、"I'm good" が No thanks の意味で使われ始めたか。

このコラムの冒頭で、筆者は、娘二人の家族と、私たち夫婦二人とのファミリーディナーの食卓で、中学1年生の孫娘カマリが、"I'm good." と言う表現を「結構です：No thanks」という辞退を表わす意味で使うのを聞いて、奇妙に思ったことを書きました。それまで50年近くアメリカに住んでいて、聞いたことがなかった辞退表現でした。それでは、この表現は、いつ頃から使われ始めたのでしょうか。

孫娘カマリは香港生まれです。母親アリサの仕事の関係で、生後8年間外国生活(香港、マドリード、上海)をした後で、2009年に米国にやってきました。私立学校の小学2年生になり、5学年を卒業して、同学校の中学部に進学しました。カマリの「鮮明な記憶」によれば、中学生になって初めて、辞退の意味で "I'm good." を使い始めたということ(カマリの同級生の一人も、同じ記憶でした)ですから、その頃(2013年頃)この表現が使われ始めたのではないかと推定できます。そうだとすれば、私は、辞退としてのこの表現の起源を、我が家の食卓で目撃したことになります。そうだとすれば、また、この表現を使う人の年齢上限は、2013年頃子供が中学生だった両親、すなわち、現在50歳前後の人たち、ということになるかもしれません。

アメリカのスラングのオンライン辞書に、Urban Dictionary というウェブサイトがあります。この辞書は、利用者の投稿事項（用法説明・用例）と投稿年月日から成る大きな辞書で、あまり知られていないスラング表現を調べるのには最上のソースという定評がありますが、同時に、そこに登録されている情報の質は、必ずしも信頼があるものではないと言われています（http://grammar.yourdictionary.com/slang/american-slang-dictionary 参照）。この辞書に、見出し語として、"I'm good." が登録されているのを見つけました。この項目の一番古い投稿事項を下に記します。（低俗な用例ですが、重要な実例ですからご容赦願います。）このオンライン辞書の投稿者たちは、辞書編集の専門家ではなく素人で、用語説明は、言葉足らず、あるいは、稚拙な場合が多いので、この辞書からの引用は、大幅に意訳します。用例には、用語説明に一致する日本語訳をつけます。

(16) [用法説明]：Involved in a state where a person's considered okay. <u>Not wanting any bother.</u>（下線筆者）
「人が、オーケーの状態にあって、<u>放っておいてほしいと望むとき</u>に使われる」
[用例] I was walking to the grocery store and a man selling bootlegged movies, says,
「グローサリー・ストアーに向かって歩いているとき、不正複製映画を売っている男が言う」
"Ms., you want to check out the hot movies?.. They only goin' fa five dollas..?"...
「姉さん、成人向き映画を欲しくないかい。ほんの5

ドルだよ...」
My response is, "Naw man, I'm good."
「私の返事は、『とんでもない、お断りだよ。』」
by butterscothch January 11, 2007
(butterscothch による 2007 年 1 月 11 日の登録)

用語説明の"not wanting any bother"という表現は、「うるさいこと・面倒なことは言ってほしくない」と言う意味です。この意味から、私は、当時の"I'm good."が、話し手が、聞き手のオファーに対して気を悪くしたときに使う表現であったと推察しました。現在の辞退を表わす"I'm good."には、そのような意味合いは皆無です。

　私は、次に示す Urban Dictionary の 2008 年登録のエントリーが、この推察が正しいことを裏付けるものと思いました。

(17) I'm Good - TOP DEFINITION（【付記6】参照）
　　［用法説明］：Rejection of and ridicule for an offered good or service by feigning satiation. When "No Thank You" just won't do.
　　「十分すぎるほどあるからと装って、オファーされた物品・サービスを拒絶したりあざけ笑ったりするときに使う表現。単に"No Thank You"という返事では適当でないとき使われる。」
　　［用例］：Person A (on the phone): "Hey, Jenny. You've been studying too hard. How 'bout I swing by your apartment and give you a back rub?"
　　　　　　Aさん：「（電話で）ヘイ、ジェニー、君は

勉強しすぎだ。君のアパートに寄って、背中をマッサージしてやろうか。」

 Jenny: "No. I'm good."
    「とんでもない。お断りよ。」

冒頭の説明文に使われている rejection ＜拒絶＞、ridicule ＜あざけり＞ や feigning ＜装う、～のふりをする＞は、当時、この表現が聞き手を侮辱する表現であることを示唆しています。

 ところが、2013 年の次の登録の用法 2 で、この表現の現在の用法に近い説明が与えられています。この説明には、"I'm good." の話し手が、相手が物品あるいはサービスのオファーを迷惑がっているときに使うなどということは、一言も書いてありません。

(18) i'm good
 [用法説明] 1. to express fullness, or the moment of euphoria.
    「満ち足りていること、あるいは、幸福感を表わす」
    2. show content in declining a question
    「相手のオファーを辞退することによって、満ち足りていることを示す」
 [用例] Them: Would you like to trade in your iPhone for the new Galaxy?
    「彼ら：あなたの iPhone を下取りし

て Galaxy 新製品に代えませんか？」
Her: i'm good.
「彼女：結構です；やめておきます」
by Allwaze Wright III August 08, 2013
(Allwaze Wright III による2013年8月8日の登録)

上記のエントリーの登録時2013年8月は、本文で筆者が、孫娘とその同級生の一人の記憶から、"I'm good." が辞退を表わす表現として使いだしたのが、孫娘が中学1年生になった2013年頃と推定したのと、奇しくも、一致しています。

　ところが、*Oxford English Dictionary*（*OED*）の電子版に、辞退を表わす "I'm good." が次のように登録されているのが見つかりました（【付記7】参照）。

(19) orig. U.S. I'm good: (used in response to a question or request) no thank you; I'm not in need of anything.
起源米国。I'm good:（質問か要請の答えに使われる）no thank you; 何も必要としていません。

1966 J. BALL Cool Cottontail x. 113 'More beer?' 'I'm still good, thanks.'
「ビールもう一杯どうかね？」「まだ結構だ。」

1991 L. B. SCOTT Expendables(1993)131 'You want another one?' 'Shawn glanced at his half-full bottle and shook his head. 'Naw, I'm good.'

「もうひとつどうだい？」Shawn はまだ半分残っている瓶をちらりと見て首をふった。「いや、結構だ。」

2003 Toronto Star (Nexis) 6 May C3 'Try these on Paige,' says Emma, holding up the smallest pair of pink shorts I've ever seen in my life. 'Thanks, I'm good!' I tell her, laughing.
「これを Paige に着せてみたら？」と Emma が、今まで見たこともない短さのピンク色のショーツを手にかかげて言う。私は、「ありがとう。でもやめとくわ。」と笑いながら答える。

上の用例は、まぎれもなく、このコラムで考察している辞退を表わす "I'm good." です。これで、この表現の発生が 2013 年という憶測は、完全につぶれました。

　1966 年の用例は、教養もあり、誇りも高いアフリカ系アメリカ人の刑事 Virgil Tibbs を主人公とした J. Ball の推理小説シリーズの第二作からのもので、その刑事がこの "I'm good." の発話者です。このシリーズの第一作 In the Heat of the Night (1965) は映画化され、日本でも「夜の大捜索」という題で上映されましたから、ご覧になった読者がおられるかもしれません。2 番目の用例には、No の意味の Naw が使われていますから、この用例の発話者もアフリカ系アメリカ人です。したがって、辞退を表わす "I'm good." が、アフリカ系アメリカ人方言から発生したという蓋然性もありますが、その蓋然性の有無を確認するすべはありません。

　先に、私の娘二人が、小・中・高校生の時代（1975 – 1988 年頃）、それから、大学生の時代に、我が家の食卓で辞

退の意味の"I'm good."を使うのを聞いたことが一度もなかったと書きました（【付記２】参照）。この時代は、OED のこの表現の最初の登録の 1966 年から 10 年あまり経っています。これは、新しい表現がアメリカ全土に普及するのに、何年どころか、何十年もかかるものであるかもしれないことを示唆しています。（インターネットがますます普及している現在では、普及のスピードがはるかに速やかになっているに違いありませんが。）そう考えると、辞退を表わす"I'm good."が 2013 年頃になって初めてニューイングランドに普及し、私がそれを我が家の食卓で目撃した、と考えるのも、それほど的外れの考えではないかもしれません。

He tried to open the door. と He tried opening the door. の違いは何か？

― 不定詞句をとる動詞、動名詞句をとる動詞 ―

● 不定詞句（to-VP）と動名詞句（VP-ing）のどちらをとる？

みなさんは高校生の頃から、次に示すように、expect, decide, agree, refuse のような動詞は、目的語に to 不定詞句をとるが動名詞句はとらず、enjoy, admit, finish, practice のような動詞は、逆に、目的語に動名詞句はとるが to 不定詞句はとらないと教わってきたと思います。

(1) a. He expects {**to work** / ***working**} here.
   b. She decided {**to study** / ***studying**} abroad.
   c. The president agrees {**to talk** / ***talking**} to the workers.
   d. We refuse {**to answer** / ***answering**} any questions about the incident.

(2) a. He enjoys {**working** / ***to work**} here.
   b. The student admitted {**cheating** / ***to cheat**} on the test.
   c. Did you finish {**doing** / ***to do**} your homework?
   d. I practice {**speaking** / ***to speak**} English for 30 minutes every day.

英英辞典や英和辞典には、それぞれの動詞が、(1a-d) のように to 不定詞句をとる動詞であるか、(2a-d) のように動名詞句をとる動詞であるか、指定がされています。また、文法書や参考書では、どの動詞が to 不定詞句をとり、どの動詞が動名詞句をと

るかが例示されています。それらを参考に、このふたつのタイプの動詞のリストを以下にあげてみます（Quirk et al.（1972, 1985）, Huddleston and Pullum（2002）, 安藤（2005）、Swan（2005）等参照）。なお、このリストはそれぞれのタイプの動詞を網羅しているわけではありません（太字は（1a-d),（2a-d）にあげた動詞です）。

(3) To 不定詞句をとる動詞（【付記1、2】参照）：

afford	**agree**	aim	arrange
ask	attempt	beg	care
choose	claim	consent	contrive
dare	**decide**	decline	demand
deserve	determine	endeavor	**expect**
fail	hesitate	hope	intend
learn	long	manage	mean
neglect	offer	omit	prepare
pretend	promise	propose	**refuse**
seek	swear	threaten	undertake
vow	want	wish	would like

(4) 動名詞句をとる動詞（【付記3】参照）：

abhor	acknowledge	**admit**	appreciate
avoid	complete	consider	contemplate
defer	delay	deny	detest
dislike	dread	endure	**enjoy**
escape	evade	**finish**	give up
imagine	keep (on)	mention	(don't) mind
miss	postpone	**practice**	put off
quit	recall	repent	resent

resist	resume	shun	stop

　動詞によっては次に示すように、to 不定詞句と動名詞句の両方をとるものもあります。

(5) a. He likes {**to go out** / **going out**} on weekends.
　　b. She started {**to write** / **writing**} while in college.
　　c. I regret {**to tell** / **telling**} you that Mary was laid off.
　　d. He tried {**to open** / **opening**} the door.

このように両方の形をとる動詞を以下にあげておきましょう。

(6) To 不定詞句と動名詞句の両方をとる動詞：
(can't) bear	begin	cease	commence
continue	forget	hate	**like**
love	prefer	**regret**	remember
(can't) stand	**start**	**try**	

　さて、みなさんは高校以来、それぞれの動詞が、to 不定詞句をとるか、動名詞句をとるか、あるいはその両方をとるか、ひとつひとつ覚えてこられたことと思います。でも同時に、個々に覚えなくても、それぞれの動詞がどちらのタイプの目的語をとるかに関して、何らかの規則がないのだろうかと思われたかもしれません。そのような一定の規則があれば、ひとつひとつ覚えなくても、大体の予測がつくことになります。しかしこの点に関して、Swan（2005: 272）は悲観的で、次のように述べています。

(7)　Unfortunately there is no easy way to decide which structures are possible after a particular verb. It is best to check in a good dictionary.

「残念ながら、個々の動詞の後にどの構造が可能であるかを判断する簡単な方法はありません。いい辞書にあたるのが一番です。」

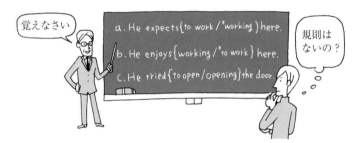

でも、これではお手上げです。すべての動詞に対して、完全に予測できる「万能薬」のようなものはないとしても、大体の「目安」となるようなものはないのでしょうか。幸いなことに、これまでの研究者（たとえば、Kiparsky and Kiparsky (1970), Quirk et al. (1972, 1985), Dirven (1989), Huddleston and Pullum (2002), 安藤 (2005) 等）は、そのような目安をいくつか提示しています。本章では以下、そのような研究者の主張を考慮しつつ、母語話者の意見も踏まえて、動詞の意味から、それが目的語に to 不定詞句をとるか、動名詞句をとるかのおおよその予測ができることを示したいと思います。

ここで、上で述べた「主動詞＋{to 不定詞句／動名詞句}」構文は、to 不定詞句と動名詞句の意味上の主語が、主動詞の主語と同一であることに注意してください。たとえば、(1a), (2a)（以下に再録）を見てみましょう。

(1) a. He expects {**to work** / ***working**} here.

(2) a. He enjoys {**working** / ***to work**} here.

(1a) の to 不定詞句と (2a) の動名詞句の意味上の主語は、もちろん、主動詞の主語 He です。本章ではこのように、to 不定詞句と動名詞句の意味上の主語が、主動詞の主語と一致する場合の主動詞に焦点を当てて考察を行ないます。ただ、動名詞句をとる主動詞に関しては、動名詞句の意味上の主語と主動詞の主語が一致しない場合があるので、そのような動詞に関しては、本章の最後で言及します。

● To 不定詞句をとる動詞の意味的特徴

それでは、(1) であげた to 不定詞句をとる動詞（以下に再録）の意味的特徴を考えてみましょう。

(1) a. He expects {**to work** / ***working**} here.
　　b. She decided {**to study** / ***studying**} abroad.
　　c. The president agrees {**to talk** / ***talking**} to the workers.
　　d. We refuse {**to answer** / ***answering**} any questions about the incident.

これらの文に共通する意味的特徴は、主動詞（expects, decided, agrees, refuse）が指し示す出来事時に、埋め込み動詞句が表わす事象がまだ未実現であるということです。たとえば (1a) で、主動詞 expects が指し示す出来事時は、現在、つまり発話時ですが、そのときに「（彼が）ここで働く」という事象は、まだ実現していません。(1b) では、主動詞 decided が指し示す出来事時は過去時ですが、その過去時に、埋め込み動詞句が表わす事象「外国

で勉強すること」は、まだ実現していません。(1c, d)についても、同じことが言えます。この考察から、expect, decide, agree, refuse は、次のような未来指向の意味を持っていると考えることができます。

(8) expect: 「未来に〜することを期待する」
　　decide: 「未来に〜することを決める」
　　agree: 「未来に〜することに同意する」
　　refuse: 「未来に〜することを拒否する」

(8)の表記「未来に〜すること…」は、「主動詞の指し示す出来事時には実現していないが、その出来事時から見て未来時（つまり、出来事時に対して相対未来時）に実現する（かもしれない）〜すること…」という意味の簡易表記です。「未来時に」という指定は、これらの動詞が、それが指し示す出来事時に、すでに実現・存在している事象を目的語とすること、つまり現在指向解釈を表わすこと、ができないことを示します。

一見、(1a-d)の不定詞句は、未来事象を表わしているように思われますが、この「未来」の解釈は、to 不定詞句が持っている解釈ではなくて、主動詞 expect, decide, agree, refuse が内蔵している解釈である、というのが私たちの仮説です。なぜなら、次の例が示すように、to 不定詞句自体には、未来事象を指す機能がないからです。

(9) a. To err is human.
　　　　「間違いを犯すことは、人の常だ。」
　　b. Her previous job was to help victims of identity theft.
　　　　「彼女の前の仕事は、個人情報窃盗の被害者の世話を

することだった。」

　以後、expect, decide, agree, refuse が内蔵しているこのような相対時制未来解釈を、これらの動詞の「未来指向解釈」と呼ぶことにし、未来指向解釈を内蔵している主動詞を「未来指向解釈動詞」と呼ぶことにします。

　Expect, decide, agree, refuse がすべて目的語に to 不定詞句をとることから、次の仮説を立ててみましょう。

(10)　主動詞の意味に基づく動詞目的語タイプの推測方法（1）：未来指向解釈動詞は、その目的語に to 不定詞句をとる。

（あらかじめ触れておきますが、この推測方法には、本章末の(41)にあげるごく少数の例外があります。）この仮説を、無意識に、あるいは意識的に設定済みの読者もあることと思います。

● 「To 不定詞句をとる動詞」のリスト

　それでは、(3) にあげた「To 不定詞句をとる動詞」のうち、上ですでに考察した (1a-d) の expect, decide, agree, refuse 以外のものの意味を考えてみましょう（(3) の claim に関しては、本章末の (41a) で取り上げます）。最初の afford と aim の日本語訳にのみ「未来に」を入れますが、他の場合もすべて同じであることに留意してください。

(11)　afford:　「未来に〜する余裕がある」
　　　aim:　　「未来に〜しようと志す」

arrange:	「〜する手はずを整える」
ask:	「〜させてほしいと頼む」
attempt:	「〜しようと試みる」
beg:	「〜することを懇願する」
care:	「〜したいと思う」
choose:	「〜することに決める」
consent:	「〜することに同意する」
contrive:	「〜しようとたくらむ」
dare:	「〜する勇気がある」
decline:	「〜することを断る」
demand:	「〜することを要求する」
deserve:	「〜するのに値する」
determine:	「〜しようと決心する」
endeavor:	「〜しようと努力する」
fail:	「〜するのを失敗する」
hesitate:	「〜するのをためらう」
hope:	「〜することを望む」
intend:	「〜するつもりである」
learn:	「〜することを学ぶ」
long:	「〜したいと望む」
manage:	「どうにかして〜する」
mean:	「〜するつもりである」
neglect:	「〜するのを忘れる」
offer:	「〜しようと申し出る」
omit:	「〜するのを忘れる」
prepare:	「〜する準備をする」
pretend:	「〜するふりをする」
promise:	「〜することを約束する」

propose: 「自分が〜することを提案する」
seek: 「〜しようと努める」
swear: 「〜すると誓う」
threaten: 「〜すると脅す」
undertake: 「〜すると保証する」
vow: 「〜することを誓う」
want: 「〜することを望む」
wish: 「〜したいと願う」
would like: 「〜したい（と思う）」

これらの動詞がすべて未来指向解釈動詞であることがお分かりでしょう。したがって、(11) の動詞は、(10) の仮説が予測する通り、すべて to 不定詞句をとります。これらの動詞の用例をいくつか下に示しておきます。

(12) a. The parents **attempted** {**to calm down** / ***calming down**} their excited daughter.
   b. Miller asks "why a man always **learns** {**to speak** / ***speaking**}, a monkey never."（実例）
      「ミラーは、なぜ猿は話すようにならないのに、人間は常に話せるようになるのかと尋ねた。」
   c. I **promise** {**to give** / ***giving**} a diamond ring to her.
   d. I **swore** never {**to do** / ***doing**} it again.
   e. He **threatened** {**to report** / ***reporting**} her to the police.
   f. I'**d like** {**to become** / ***becoming**} an astronaut.
      「私は、宇宙飛行士になりたい。」

● 過去指向解釈の主動詞

次の文を見てください。

(13) a. I **recall** {meeting / *to meet} her years ago at a parent-teacher meeting.
「私は、何年も前に、学校の保護者会で彼女に会ったことを思い出す。」
b. I **admit** {falling / *to fall} in love with everything about this college.
「私は、この大学のすべてにほれ込んでしまったことを認めます。」
c. If I killed the horse, I did not do so by mistake, nor do I **repent** {doing / *to do} so. (実例)
「もし私がその馬を殺したとしたら、私は間違えてそうしたのではありません。また、私は、そうしたことを後悔してもいません。」

(13a-c) の主動詞 recall, admit, repent は、次の意味を表わしていると考えられます。

(14) recall: 「過去に〜したことを思い出す」(過去指向解釈)
admit: 「過去に〜したことを認める」(過去指向解釈)
repent: 「過去に〜したことを後悔する」(過去指向解釈)

これらの主動詞が動名詞句を目的語としてとることから、次の規則を立てることができます。

第3章 He tried to open the door. と He tried opening the door. の違いは何か？ 61

(15) 主動詞の意味に基づく動詞目的語タイプの推測方法(**2**)：過去指向解釈動詞は、その目的語に動名詞句をとり、to 不定詞句をとることができない。(【付記4】参照)

(15) の推測方法には、(10) の「推測方法」(1) とは異なり、例外がありません。

次に、(14) であげたもの以外の過去指向解釈動詞のリストを示します。

(16) acknowledge: 「過去に〜したことを認める」(On his way to jail Ross **acknowledged {stealing / *to steal}** the money.)

appreciate: 「過去に〜されたことを感謝する」(I **appreciate {being / *to be}** treated as a special guest.)

complete: 「これまで〜していたことを終える」(I **completed {fixing / *to fix}** your old watch.)

deny: 「過去に〜したことを否定する」(He **denied** ever **{visiting / *to visit}** the country.)

keep (on): 「これまで〜していたことを続ける」(I **kept (on) {reading / *to read}** the book.)

mention: 「過去に〜したことを述べる」(Bill told us about who he had visited on his trip. But he didn't **mention {visiting / *to visit}** Mary.)(【付記5】参照)

resume: 「過去に〜したことを再開する」(After a break, we **resumed {climbing / *to climb}** up

Mt. Fuji.)

● 過去指向解釈のない現在指向解釈動詞

次の例文の主動詞は、いずれも、動名詞句をその目的語とし、to 不定詞句をとることができません。

(17) a. I **enjoy** {**climbing** / ***to climb**} mountains.
  b. I **dislike** {**being** / ***to be**} photographed.
  c. I **detest** {**writing** / ***to write**} letters to people I never saw.
  d. I **stopped** {**going** / ***to go**} to classes in the middle of the term.
    (to go は「行くのをやめる」の解釈で不適格)
  e. I **finished** {**writing** / ***to write**} the first draft of my dissertation.

Enjoy, dislike, detest, stop, finish の意味は、下に示すとおりです。

(18) enjoy: 「現在〜することを楽しむ」
    *「過去に〜したことを楽しむ」
  dislike: 「現在〜することが嫌いである」
    *「過去に〜したことが嫌いである」
  detest/resent: 「現在〜することが大嫌いである」
    *「過去に〜したことが大嫌いである」
  stop/quit/give up: 「現在〜していることをやめる」
    *「過去に〜したことをやめる」
  finish: 「現在〜していることをし終える」
    *「過去に〜したことを終える」

これらの動詞には、習慣的・恒常的事象を表わす現在指向解釈はありますが、過去指向解釈はありません。これらの動詞がすべて動名詞句を目的語とすることから、次の制約を立ててみます。

(19)　**主動詞の意味に基づく動詞目的語タイプの推測方法(3)**：現在指向解釈を許し、過去指向解釈を許さない主動詞は、その目的語に動名詞句をとり、to 不定詞句をとることができない。

現在指向解釈の主動詞の中には、ごく少数ですが、動名詞句だけでなく、to 不定詞句もとるものがあります。そのため、(19) の推測方法には若干の例外がありますが、この点は次々節で述べます。
　過去指向解釈のない現在指向解釈動詞には、(18) にあげた 8 つの動詞のほかに、以下のような動詞があります(【付記6】参照)。

(20) abhor:「現在～することを嫌悪している」(I **abhor** {**doing** / ***to do**} the dishes.)
　　 practice:「現在～することを練習する」(I **practice** {**playing** / ***to play**} the piano every day.)
　　 avoid/evade/shun:「今～することを避ける」(I **avoid** {**doing** / ***to do**} homework by doing anything else I can think of./He is trying to **evade** {**paying** / ***to pay**} taxes./Girls tend to **shun** {**writing** / ***to write**} letters.)
　　 escape:「今～するのを免れる」(She barely **escaped** {**being** / ***to be**} hit by a car.)

defer:「今〜することを延期する」(I **deferred** {**paying** / ***to pay**} the bill.)

delay/postpone/put off:「今〜することを遅らせる」(I **delayed/postponed/put off** {**registering** / ***to register**} for classes as long as possible.)

dread:「現在〜することを恐れる」(My son **dreads** {**going** / ***to go**} to the dentist.)

endure/resist:「現在〜することを我慢する」(I can't **endure** {**seeing** /***to see**} animals treated so cruelly./I couldn't **resist** {**laughing** / ***to laugh**}.)

imagine:「現在〜することを想像する」(Just **imagine** {**presenting** / ***to present**} a paper in front of a large audience.)

(don't) mind:「現在〜することを嫌だと思う」(We don't **mind** {**compromising** / ***to compromise**} with them.)

動詞 miss は (21) に示すように、多義語ですが、そのいずれの意味でも、現在指向解釈動詞で、(22) の例文が示すように、目的語に動名詞句をとります。

(21) miss (a)「現在〜できないのを寂しく思う」(現在指向解釈)
(b)「現在〜するのをしそこなう」(現在指向解釈)
(c)「現在〜することを免れる」(現在指向解釈)

(22) a. I really **miss** {**playing** / ***to play**} tennis with her.
「彼女と<u>テニスができなくて</u>本当に寂しい。」

b. I **missed** {**seeing** / ***to see**} the movie last night.
「昨晩その映画を見そこなった。」

c. I just **missed** {**having** / ***to have**} a traffic accident.
「もう少しで交通事故に遭うところだった(=交通事故に遭うのを免れた)。」

　前節と本節の考察から、(4)にあげた「動名詞句をとる動詞」は、consider と contemplate を除き、以下にまとめられるように、過去指向解釈動詞か過去指向解釈のない現在指向解釈動詞ということになります。下に、この2つの主動詞カテゴリーをリストアップしておきます。これらの主動詞が動名詞句のみを目的語にとることは、(15) と (19) の仮説により説明できます。

(23) 過去指向解釈動詞：acknowledge, admit, appreciate, complete, deny, keep (on), mention, recall, repent, resume (【付記4、5】参照)
　　　現在指向解釈動詞：abhor, avoid, defer, delay, detest, dislike, dread, endure, enjoy, escape, evade, finish, give up, imagine, (don't) mind, miss, postpone, practice, put off, quit, resent, resist, shun, stop

(4) の動詞リストで残っている consider と contemplate については、本章末の (41b) で取り上げます。

● To 不定詞句と動名詞句の両方をとる動詞
― 意味の違いがあるもの

まず、(6) の「To 不定詞句と動名詞句の両方をとる動詞」の中の、remember, forget の意味を考えてみましょう。

(24) remember (a)「未来に~することを{覚えている(忘れないで~する)／思い出す}」(未来指向解釈)
(b)「過去に~したことを{覚えている／思い出す}」(過去指向解釈)
(25) forget (a)「未来に~することを忘れる」(未来指向解釈)
(b)「過去に~したことを忘れる」(過去指向解釈)

これら2つの動詞は、上に示したように、未来指向解釈と過去指向解釈の2つの意味を持っています。そのため、次のように to 不定詞句と動名詞句の両方を目的語にとり、この事実は仮説 (10) と (15) により説明されます。

(26) a. I **remembered to return** the book to the library.
「私はその本を図書館に返すことを{覚えていた／思い出した}。」(未来指向解釈)
b. I **remembered returning** the book to the library.
「私はその本を図書館に返したことを{覚えていた／思い出した}。」(過去指向解釈)
(27) a. I **forgot to check** my e-mail after supper.
「私は夕食後メールをチェックすることを忘れてい

た。」(未来指向解釈)

b. I **forgot checking** my e-mail after supper.
「私は夕食後メールを<u>チェックしたことを</u>忘れていた。」(過去指向解釈)

一方、(6) の regret には次の2つの意味があります。

(28) regret (a)「今〜することを残念に思う」(現在指向解釈)
(b)「過去に〜したことを遺憾に思う」(過去指向解釈)

(29) a. I **regret to tell** you that Mary was laid off. (=5c)
「私は、メアリーが職を失ったことをあなたに<u>今言わなければならないことを</u>残念に思う。」(現在指向解釈)

b. I **regret telling** you that Mary was laid off. (=5c)
「私は、メアリーが職を失ったことをあなたに<u>言ったことを</u>遺憾に思う。」(過去指向解釈)

Regret が (28b) の過去指向解釈の意味の場合、(29b) のように動名詞句をとることは、(15) の推測方法で説明できます。しかし、(28a) の現在指向解釈の意味の場合に、(29a) に示したように、動名詞句ではなく to 不定詞句をとることは、(19) の推測方法の反例であり、説明することができません。Regret が to 不定詞句をとる場合、そこで用いられる動詞は、tell, say, inform, announce, acknowledge, let you know などの発話に関係する「遂行動詞」(performative verbs) に限られ、regret が動名詞句をとる場合に、その動名詞句の動詞に制限がないことと極めて対照的です。

(30) a. I regret to **inform** you that your contract will not be re-

newed.

b. *Treetops Lodge: Still here and we already **regret to leave**.

(意図された意味:「Treetops Lodge: まだここにいる。いつまでもここにいたい。」)

(cf. I regret **that** I will have to leave.)

遂行動詞とは、発話した時点でその動作を行なったことになる動詞です。たとえば、**I leave**. と言ったところで、話し手が、発話場所を去るわけではありませんが、**I inform** you that your contract will not be renewed. と言えば、話し手は、聞き手に契約が更新されないことを伝えたことになります。「今～することを残念に思う」という現在指向解釈の regret が遂行動詞しか許さないことは、遂行動詞のこの特質に由来するものと考えられます。

私たちは、regret が to 不定詞句をとる構文パターンは、現在指向解釈を表わすという点で、(19) の推測方法の例外であり、なおかつ、この構文パターンに現われる動詞は遂行動詞に限られるという制約があることに留意しなければなりません(【付記7】参照)。

次に、(6) の動詞の中の try は、(31a) と (31b) の２つの意味を持っていると考えられます。(31c) は、この動詞に過去指向解釈がないことを示します。

(31) try (a)「未来（直後）に～しようとする／～しようと試みる」（未来指向解釈）

(b)「試しに今～する」（埋め込み事象と主動詞の動作が同時に起きる解釈）（現在指向解釈）

(c)*「過去に～したことを試みる」(*過去指向解釈)

(32) a.   The girl **tried to open** the window.

「少女は窓を開けようとした。」（未来指向解釈）
  b. The girl **tried opening** the window.
     「少女は窓を開けてみた。」（現在指向解釈）

　(32a) と (32b) の意味の違いは、これらの文を次のような文脈に入れると、(32a) が「窓を開ける」という事象が実現しなかったことを含意し、(32b) がその事象が実現したことを含意することからも明らかです。

(33) a. The girl **tried to open** the window, but it was stuck or something and she didn't succeed.
     「少女は窓を開けようとしたが、窓は、(窓枠に) くっついているか何かで、開けられなかった。」
  b. *The girl **tried to open** the window, but no cool wind came in.
     「*少女は窓を開けようとしたが、涼しい風は入ってこなかった。」
(34) a. *The girl **tried opening** the window, but it was stuck or something and she didn't succeed.
     「*少女は窓を開けてみたが、窓は (窓枠に) くっついているか何かで開けられなかった。」
  b. The girl **tried opening** the window, but no cool wind came in.
     「少女は窓を開けてみたが、涼しい風は入ってこなかった。」

　(32a),(33a, b) の The girl **tried to open** the window. の try は未来指向解釈動詞ですから、少女が窓を開けようとした時点では、窓

はまだ開いていません。ですから、その時点で、窓がくっついていた、と言うことは、何も矛盾がありません。したがって、(33a) は適格です。他方、まだ窓が開いていない時点で、涼しい風が入ってこなかった、ということは、意味をなしません。(33b)(および、その日本語訳)が不適格なのは、この理由によります。一方(32b)、(34a, b) の The girl **tried opening** the window. の try は、現在指向解釈動詞です。したがって、少女が試みた時点で、窓が開くという事象が実現しています。(34a) は、窓が開いたという意味合いの文の後に、窓が窓枠にくっついて開かなかったという論理的に矛盾した文が続いているので、不適格文と判断されます。他方、(34b) は、開いている窓から涼しい風が入ってきたか否かを云々することに意味があるので、適格文です(【付記8】参照)。

これで、本章のタイトル「He tried **to open** the door. と He tried **opening** the door. の違いは何か？」の答えが何であるか、明らかになったことと思います。He tried **to open** the door. は、「彼はドアを開けようとしたが、開けることができなかった」ことを意味し、He tried **opening** the door. は、「彼はドアを開けてみた」を意味する、というのが、この２つの文の意味の違いです。そして、try が to 不定詞句と動名詞句の両方をとるのは、(10) と (19) の推測方法により説明できます(【付記9】参照)。

● To 不定詞句と動名詞句の両方をとる動詞 ── 意味の違いがないもの

私たちは前々章で、dislike, detest, resent, abhor のような「好き嫌い」(特に「嫌い」)を表わす動詞(以下、「好き嫌い動詞」と呼びます)が、過去指向解釈のない現在指向解釈動詞であり、(19) の推測方法により、目的語に動名詞句をとることを示しました。

ただ、好き嫌い動詞の中には、次に示すように、現在指向解釈であるものの、動名詞句だけでなく、to 不定詞句もとり、両者で意味の違いがないものがあります。

(35) like/love:「現在〜することが好きである」
　　　　　　＊「過去に〜したことが好きである」
　　例：I **like/love {to watch / watching}** documentary movies.
　　　　「私は、ドキュメンタリー映画を見ることが好きです。」
　　hate:　「現在〜することが嫌いである」
　　　　　　＊「過去に〜したことが嫌いである」
　　例：I **hate {to go / going}** to church.
　　prefer:　「現在〜することを（〜することより）好む」
　　　　　　＊「過去に〜したことを（〜したことより）好む」
　　例：I **prefer {to live / living}** in the city.

(19) の推測方法は、これらの動詞が動名詞句をとることは説明できますが、さらに to 不定詞句もとることは、説明できません。みなさんは、英語を話したり書いたりするときには、(19) の推測方法に従って、常に動名詞句を使うことに問題はありませんし、そうすれば、dislike, detest, resent, abhor と同じですので、迷う必要もありません（【付記10】参照）。

(35) と同様の動詞に、物事の開始、継続、終了を表わす、次のような「アスペクト動詞」があげられます。

(36) start/begin/commence:「現在〜することを始める」
　　　　　　　　　　　　＊「過去に〜したことを始める」
　　例：Let's **start/begin/commence {to eat / eating}** after the

> ceremony.
>
> cease:「現在〜していることをやめる」
>   *「過去に〜したことをやめる」
>
>   例：They **ceased {to sing / singing}** the song.
>
> continue:「現在〜していることを続ける」
>   *「過去に〜したことを続ける」
>
>   例：I **continued {to write / writing}** to her.

したがって、みなさんは英語を話したり書いたりするときには、(19)の推測方法に則り、動名詞句を使っていただければ結構です（【付記１１、１２】参照）。

同様の動詞に、(6)にあげた (can't) bear, (can't) stand があります。

> (37) (can't) bear/ (can't) stand:「現在〜することを我慢する」
>   *「過去に〜したことを我慢する」
>
>   例：I can't **bear/stand {to see / seeing}** animals treated so cruelly.

これらの動詞は、すでに(20)で考察した endure と意味が同じで、現在指向解釈動詞ですから、みなさんは、endure と同様に、目的語に動名詞句を使うことにまったく問題がありません。

● 主動詞の意味に基づく動詞目的語タイプの推測方法

これまでの考察で次のことが明らかになりました。

(38) a. 未来指向解釈動詞は、少数の例外を除いて、to 不定

詞句（to-VP）をとる。
- b. 過去指向解釈動詞は、少数の例外を除いて、動名詞句（VP-ing）をとる。
- c. 現在指向解釈動詞は、少数の例外を除いて、動名詞句（VP-ing）をとる。

そうすると、英語学習者は、主動詞が未来指向解釈かどうかの判定さえできれば、十分であることになります。

(39) **主動詞の目的語タイプ推測方法**：主動詞が未来指向解釈なら、to 不定詞句（to-VP）をとり、さもなくば、動名詞句（VP-ing）をとる。

ここで、上記の推測方法を適用する際に英語学習者が心に留めておかなければならないことを列挙しておきます。

(40) a. (31)-(34)で指摘したように、動詞 try には、「未来（直後）に〜しようとする／〜しようと試みる」という未来指向解釈と、「今〜することを試みる／試しに今〜する」という現在指向解釈の２義があります。当然のことながら、to 不定詞句をとるのは、未来指向解釈の try だけです。
- b. (24)-(25)で指摘したように、remember は、(a)「未来に〜することを｛覚えている（忘れないで〜する）／思い出す｝」；(b)「過去に〜したことを｛覚えている／思い出す｝」；forget は、(a)「未来に〜することを忘れる」；(b)「過去に〜したことを忘れる」という、未来指向解釈と過去指向解釈の２義があり、to 不定詞

句をとるのは、未来指向解釈の場合です。

c. 「アスペクト動詞」start/begin/commence/cease/continue は現在指向解釈動詞ですが、to 不定詞句と動名詞句の両方をとります。みなさんは、英語を話したり書いたりするときには、(39) の目的語タイプ推測方法に従って動名詞句を使ってください。

d. 「好き嫌い動詞」hate/like/love/prefer、および (can't) bear/(can't) stand は現在指向解釈動詞ですが、to 不定詞句と動名詞句の両方をとります。みなさんは、英語を話したり書いたりするときには、(39) の目的語タイプ推測方法に従って動名詞句を使ってください。

(41) (39) の「目的語タイプ推測方法」の例外：

a. claim「(しばしば疑い・反対にあって) 現在 { 〜であると／〜すると } 主張する」(He **claims to be** an IT-expert. / No responsible therapist will **claim to cure** your insomnia.) は、現在指向解釈動詞ですが、to 不定詞句をとりますから、(39) の推測方法の例外として、覚えてください。

b. consider, contemplate は、ともに「未来に〜することを考える」(He **considered studying** abroad in the near future., She **contemplated giving up** her job and **getting married** to him.) という意味の未来指向解釈動詞ですが、動名詞句をとりますから、(39) の推測方法の例外として、覚えてください。

c. regret は、「今〜することを残念に思う」という意味の場合、現在指向解釈動詞ですが、to 不定詞句をとりますから、(39) の推測方法の例外として、覚えてくだ

以上から、to 不定詞句、動名詞句、その両方の選択に関して、英語学習者は、(40a-d), (41a-c) を心に留め、(39) の「主動詞の目的語タイプ推測方法」のみを指針として、主動詞がどのタイプの目的語をとるか、予測できることになります。

● 結び

本章では、主動詞が動詞句を目的語としてとる場合、その目的語に to 不定詞句と動名詞句のどちらを（あるいは、どちらも）とるかを考察しました。そして私たちは、主動詞の意味に基づいて、どちらのタイプの動詞句が目的語として選択されるかを推測する次の仮説を提出しました。

(39) **主動詞の目的語タイプ推測方法**：主動詞が未来指向解釈なら、to 不定詞句（to-VP）をとり、さもなくば、動名詞句（VP-ing）をとる。

Swan (2005: 272) は、「個々の動詞の後にどの構造が可能であるかを判断する簡単な方法はありません」と述べ、英語学習者はこれまで、個々の動詞ごとに目的語のタイプを覚えなければならないと考えられてきました。しかし私たちは、「万能薬」ではないものの、例外の少ない、英語学習者にとって大きな「目安」となる、極めて簡単で効果的な推定法を本章で提供しました。

[補節]
● 動名詞句の意味上の主語が主動詞の主語と異なる場合

　本章で以上考察した「主動詞＋{to 不定詞句／動名詞句}」構文は、本章冒頭で述べたように、to 不定詞句や動名詞句の意味上の主語が、主動詞の主語と同一で、(3), (4), (6) に列挙した動詞は、このタイプの構文で用いられる動詞でした。ただ、動名詞句を目的語とする動詞の中には、次のように、動名詞句の意味上の主語と主動詞の主語とが異なる場合があります。

(42) a. He **recommended consulting** a lawyer.
「彼は（私に）弁護士に相談するよう勧めた。」

b. His duties **include raking up** fallen leaves in the yard.
「彼の仕事は庭の落葉をかき集めることも含まれている。」

c. The anti-homeless ordinance **bans sleeping** outdoors anywhere on public property in Denver.（実例）
「その反ホームレス条例は、デンバーの公共のいかなる場所でも（ホームレスの人が）戸外で眠ることを禁じている。」

d. We **encourage having** fun.
「楽しんでください／（テレビ番組などで）お楽しみください」

e. British Council **promotes studying** abroad in China.（実例）
「ブリティッシュ・カウンシルは中国への留学を奨励している。」

f. One candidate **favors abolishing** the US Department of Ed-

ucation.
「立候補者の一人は、アメリカ合衆国教育省を廃止することに賛成している。」

(42a) の動名詞句の意味上の主語は、主動詞 recommend の主語 He ではなくて、話題になっている人（たとえば、この発話の話し手）です。(42b) でも、動名詞句の意味上の主語は、主動詞 include の主語 His duties ではなくて、「彼」です。(42c-f) でも同様で、両者の主語が異なっています。このように、recommend/suggest, include, ban/prohibit/allow, encourage/discourage, promote, favor 等は、その主語と動名詞句の意味上の主語が異なるという特性を持っており、これまで本章で考察した (3), (4), (6) のような動詞とは違っています（【付記 13、14】参照）。

The cat scratched the door. と The cat scratched at the door. の違いは何か？

第4章

— 他動詞構文と動能構文 —

● Hit, cut, kick は自動詞でも使う？

Hit, cut, kick のような動詞は、次の (a) 文のように、その直後に目的語をとる他動詞として用いられるのが一般的ですが、(b) 文のように、その直後に前置詞 at をとり、自動詞としても用いられることをみなさんはご存知でしょうか。

(1) a. He hit me.
　　b. He hit **at** me.
(2) a. Mary cut the rope.
　　b. Mary cut **at** the rope.
(3) a. The boy kicked the ball.
　　b. The boy kicked **at** the ball.

(1b), (2b), (3b) はまったく自然な英文で、(1)-(3) の (a) と (b) は、その意味が次のように違っています。

(1') a. He hit me.（彼は私を殴った。）
　　b. He hit **at** me.（彼は私に殴りかかった。）
(2') a. Mary cut the rope.（メアリーはロープを切った。）
　　b. Mary cut **at** the rope.（メアリーはロープを切りつけた。）
(3') a. The boy kicked the ball.（少年はボールを蹴った。）
　　b. The boy kicked **at** the ball.（少年はボールを目がけて足

を振り下ろした。)

He hit me.　　　　　　He hit **at** me.

(1')-(3') の (a) の他動詞文は、殴ったり、切ったり、蹴ったりする行為が実際になされたこと（行為の成立、成就）を表わしています。一方、(b) 文の前置詞 at は、《方向・対象》を示し、「…を目がけて／…に向かって／…に対して」という意味です。そのため (b) 文は、「殴りかかった」、「切りつけた」、「(ボールを) 目がけて足を振り下ろした」という意味で、実際にそれらの行為が成立したかどうかまでは述べていません。

このような意味の違いのために、上の他動詞文は、次の (a) のように文を続けると不適格になりますが、at を伴う自動詞文は、そのような文を続けることが可能です。

(4) a. *He hit me but I ducked.
　　　「*彼は私を殴ったが、私はひょいと身をかがめた。」
　　b. He hit **at** me but I ducked.
　　　「彼は私に殴りかかったが、私はひょいと身をかがめた。」

(5) a. *Mary cut the rope but the knife was so dull that it had no ef-

fect.

「＊メアリーはロープを切ったが、ナイフの切れ味がとても悪く、まったく切れなかった。」

  b. Mary cut **at** the rope but the knife was so dull that it had no effect.

「メアリーはロープを切りつけたが、ナイフの切れ味がとても悪く、まったく切れなかった。」

(6) a. *The boy kicked the ball, but he slipped and his foot didn't touch it.

「＊少年はボールを蹴ったが、滑って足がボールに当たらなかった。」

  b. The boy kicked **at** the ball, but he slipped and his foot didn't touch it.

「少年はボールを目がけて足を振り下ろしたが、滑って足がボールに当たらなかった。」

(4a, b) の文の後半に用いられている動詞 duck は、*Collins Cobuild English Language Dictionary* で与えられている "If you duck something such as a blow, you avoid it by ducking." という記述の通り、打撃のようなものを避けるために「身をかがめる、頭をひょいと下げる」ことを意味します。(4a) は、彼が話し手を殴るという動作が成就した後で話し手が身をかがめたという起こりそうもない出来事を意味しますから、不適格ですが、(4b) は、彼が話し手に殴りかかってきたときに、話し手が身をかがめてそれを避けたという、矛盾のない出来事を表わすので、適格です。(5), (6) でも同様のことが言えます。

(1)-(3) の (b) 文のように、hit, cut, kick のような動詞が at を伴う自動詞文は、言語学では「動能構文」(conative construction)

と呼ばれています。「動能」(conation) というのは、聞き慣れない言葉で、現在では死語に近いものですが、心理学の用語で、『最新心理学事典』(平凡社 2013、p. 366) では、「意志と衝動の総合としての目標行動を指し、情意 (= 感情と意志、心、気持ち) 機能の発動を意味する」と説明されています。つまり、目的意識を持ってある行動をしようとする気持ちや意向を表わすと言えます。

● 動能構文のさらなる例

さらに、動能構文の例を見てみましょう。

(7) a. He knocked **on** the door.
「彼はドアをノックした。」
 b. I pushed **at** / **against** the table.
「私はテーブルを(動かそうと思って)押した。」
 c. Jane chewed **at** / **on** her fingernails.
「ジェインは爪を嚙んだ。」
 d. The mouse nibbled **at** / **on** the cheese.
「ネズミがチーズを少しずつかじって食べた。」
 e. The cat scratched **at** the door.
「猫がドアを引っ掻いた。」

動能構文には、前置詞が at だけでなく、同様の意味を表わす on も (7a, c, d) のように用いられ、(7b) のように against が用いられる場合もあります。

ここで興味深いことに、(1)-(3) の (b) の動能構文は、当該の行為が成立したかどうかまでは述べていませんでしたが、(7a-e）では、当該の行為が成立したことが明らかです。(7a) や (7c-e) で、彼はドアをノックし、ジェインは爪を噛み、ネズミはチーズをかじり、猫はドアを引っ掻いています。また (7b) では、テーブルが動いたかどうかは分からないものの、話し手がテーブルを押したことは明らかです。行為が成立するかどうかに関して、(1)–(3) の動能構文と (7a-e) の動能構文で、どうしてこのような違いがあるのでしょうか。

(1)–(3) の場合と同様に、たとえば (7c-e) は、次のような他動詞文も可能です。

(8) a. Jane chewed her fingernails.
　　b. The mouse nibbled the cheese.
　　c. The cat scratched the door.

他動詞文と動能構文は、それぞれどのような意味を表わし、どのような違いがあるのでしょうか。動能構文にはどのような動詞が用いられ、この構文はどのような場合に容認されるのでしょうか。本章では、このような問題を解き明かしたいと思います。

● これまでの説明とその問題点（1）
　　― 行為が成立したかどうか

動能構文で述べられる行為が成立するかどうかに関して、Levin (1993) や Pinker (1989) は次のように述べています。

(9) 　The use of the verb in the conative construction describes an "attempted" action without specifying whether the action was actually carried out. (Levin 1993: 42)

> 「動能構文の動詞は、ある行為が実際に実行されたかどうかは明確に述べないで、その行為が『試みられた』ということのみを述べる。」

つまり、ある動詞が他動詞で用いられると、「成功（成就）した行為」(successful action) を表わし、動能構文で用いられると、単に「試みられた行為」(attempted action) を表わすというわけです。

しかし、もうお気づきだと思いますが、これは、(1)-(3) の動能構文には当てはまりますが、(7a-e) の動能構文には当てはまりません。なぜなら、(7a-e) では、ドアをノックしたり、テーブルを押したり、爪を噛む行為は、すでに見たように、明らかに実行されているからです。したがって、(9) の記述が当たっている動能構文もあれば、そうでない動能構文もあるため、(9) は妥当なものとは言えません。

一方、影山・高橋（2011: 131）には、次の記述があります（下線は筆者）。

(10) 動能構文の本質は、… <u>意図した行為が思うように完遂されなかった</u>ということである。

しかし、次の (11), (12) の動能構文は、(a) だけでなく、(b) もまったく適格です。

(11) a. The hunter shot **at** the tiger, **but missed it**.
「ハンターは虎を狙って撃ったが、はずれた。」
  b. The hunter shot **at** the tiger, **and hit it**.
「ハンターは虎を狙って撃ち、命中した。」

(=11a)

(=11b)

(12) a. The skunk sprayed **at** the dog, **but missed him**.
　　　「スカンクは犬を目がけて悪臭のする分泌液を吹きかけたが、その犬に吹きかけ損ねた。」
　　b. The skunk sprayed **at** the dog, **and got him**.
　　　「スカンクは犬を目がけて悪臭のする分泌液を吹きかけ、それに成功した。」

(11)でハンターが虎を狙って撃ったのは、虎を射止めるためですから、(11a)では、(10)の記述通り、その意図した行為が思ったように完遂されていません。しかし、(11b)では、その意図した行為が思ったように完遂されています。(12a, b)についても同様のことが言えます。したがって、動能構文は、主語指示物の意図した行為が思うように完遂されなかったことを表わすとは言えません。また、(10)の説明は、(7a-e)にも当てはまりません。

たとえば（7a）で、彼の意図した行為はドアをノックすることで、この行為は完遂されていますし、（7c）でジェインが意図した行為は爪を噛むことで、その行為は明らかに完遂されています。したがって、この点でも（10）の説明は妥当でないと考えられます。

● 行為が成立したかどうかは何によって決まる？

それでは、動能構文で表わされる行為が、実行されたかどうか明確でない場合もあれば、実行されたことが明らかな場合もあるのはなぜでしょうか。私たちはどうして両者を区別できるのでしょうか。それは、次の理由によります。人を殴ったり、ボールを蹴ったり、虎を撃ったりする場合は、行為者とターゲット（対象物）の間に距離があります。そのため、いくらターゲットを目がけてそのような行為をしても、私たちはその行為が成就しない場合があることを知っています。また、ロープを切ろうとしても、ロープが固くて切れない場合があることを、私たちは容易に理解できます。一方、ドアをノックしたり、テーブルを押したり、爪を噛んだり、猫がドアを引っ掻く場合は、行為者とターゲットの間に距離がありません。そのため、私たちはそのような行為が確実に成就することを知っています。テーブルを押す場合、その意図した行為は、テーブルを動かすことですが、テーブルが重ければ、いくら押しても力不足で、テーブルが動かない場合があることを私たちは容易に理解できます。したがって、動能構文が表わす行為やその意図した行為が成立するかどうかは、行為者とターゲットの距離や、ターゲットの性質などから語用論的に導き出されるものだと言えます。

● これまでの説明とその問題点（2）
　― どんな動詞が用いられるか

　Guerssel et al. (1985), Pinker (1989), Levin (1993) 等は、動能構文には、「動き」(motion) と「接触」(contact) のふたつの意味成分を備えた他動詞のみ用いられると主張しています。たとえば、kick (the ball) だと、足を振り下ろす動きと、ボールに対する足の接触があり、ボールを蹴るという動作が行なわれ、push (at the table) だと、手をテーブルに近づける動きと、テーブルに対する手の接触があり、テーブルを押すという動作が行なわれるので、kick, push は動能構文に用いられるというわけです。ただ、彼らは、動きと接触のふたつの意味成分を備えていても、動能構文に用いられない他動詞があるので、動能構文に用いられる他動詞をさらに狭め、それらの動詞を指定しています。そして、(13) の5つのタイプの動詞は動能構文に用いられるが、(14) の動詞は用いられないと述べています。なお、この (13) の動詞リストは、動能構文に現われる動詞を網羅しているわけではありません。詳細は、Levin (1993: 41-42) の動詞リストを参照してください。動能構文に用いられない「打撃動詞」、「切断動詞」、「摂取動詞」については後で観察し、その理由を考察します。

(13)　　打撃動詞（衝撃による接触動詞）: hit, kick, knock, beat, hammer, strike, tap, pound, bite, shoot, punch, scratch, stab, claw（爪で引っ掻く）、paw（動物が前足で引っ掻く）、etc.

　　　切断動詞: cut, saw（のこぎりで切る）、clip（切り取る）、slash（切りつける）、chip（少しずつ削り取る）、hack（切りつける）、hew（斧・剣などで切る）、

    scrape（こすり落とす）, snip（チョキンと切る）、etc.

 押し引き動詞：push, pull, press, shove, heave（持ち上げる）、jerk（ぐいっと引く）、tug（引っ張る）、yank（ぐいっと引っ張る）、etc.

 噴射・積載動詞：spray, splash（はねかける）、dab（軽く叩く）, rub（こする）, squirt（ほとばしらせる）、swab（消毒綿でふく）、etc.

 摂取動詞：drink, eat, chew, chomp（むしゃむしゃ食べる）、crunch（ガリガリ嚙む）、gnaw（かじる）、lick（なめて食べる／飲む）, munch（むしゃむしゃ食べる）、nibble（少しずつかじって食べる）、pick（ほんの少し食べる、ついばむ）、peck（つつく）、sip（少しずつ飲む）、slurp（音を立てて飲む／食べる）、suck（吸う）、etc.

(14) *接触動詞：touch, kiss, lick（なめる）、prod（突く、押す）、nudge（ひじで軽くつつく）、pat（軽く叩く）、stroke（なでる）、tickle（くすぐる）、etc.

さて、(13) と (14) のリストを見て、すぐに気がつく疑問があります。(13) では、hit, kick, knock のような「衝撃による接触動詞」は動能構文になるが、(14) の touch, kiss, lick, prod のような「接触動詞」は動能構文にならないとされています。両者は接触動詞という点では同じなのに、本当にこのような違いがあるのでしょうか。Pinker (1989: 104) と Levin (1993: 42) は、(14) の例として (15a, b) をあげています。

(15) a. *Nancy **touched at** the cat. / *Terry **touched at** the cat.

b. *Jane **kissed at** the child.

私たちのネイティヴスピーカー・コンサルタントたちも、(15a, b) はまったく不適格だと言います。

しかし、次のような文はまったく適格です（いずれも実例で、母語話者にも適格との確認を得たもの）。

(16) a. He **touched at** his nose and then looked at the blood on his fingertips, ...
   b. He paused, **touched at** his mustache, and stared at me incredulously.
   c. Tequila (a dog) **touched at** her knee with a paw.
(17) a. He **kissed at** her nose and she wiggled it around, slowly he pulled away holding her hand under the table as they ate.
   「彼は、彼女の鼻に向かってキスをしようとし、彼女は鼻をぴくぴく動かしてそれを避けようとし、彼は、ゆっくりと彼女の顔から身体を離して、テーブルの下で彼女の手を握って、二人は食事をした。」
   b. She playfully **kissed at** his nose before pushing him away.
   c. He ceremoniously **kissed at** her hand.
(18) a. The cat **licked at** her paws, removing something red from their white tips.
   b. He **licked at** her neck, biting it with his lips.
(19) a. Researchers at the University of Oxford had people close their eyes while testers gently **prodded at** their toes.
   b. He **prodded at** the fish with his fork a few times, but he didn't eat a mouthful.

(16)–(19) の文がすべて適格であることが示しているように、touch, kiss, lick, prod のような動詞は動能構文で用いられます。したがって、Pinker や Levin の、接触動詞は動能構文にはならないという記述は妥当でないことになります。

● (15) と (16)–(19) は何が違っているか？

それでは、(15) と (16)–(19) の違いは何でしょうか。それは、触ったり、キスしたりするターゲット（対象物）の違いです。(15) では、それが the cat, the child で、猫や子供という「身体全体」なのに対し、(16)–(19) では、鼻、口ひげ、ひざ、手、足、首など、「身体の一部分」（および魚のような小さいもの）です。この違いは、適格な (18a, b) の lick でも、なめるターゲットを次のように「子猫」全体にすると不適格になることからも明らかです。

(20)　*The cat **licked at** her kittens. (cf. 18a)

それではなぜ、接触するターゲットが身体全体だと不適格で、身体の一部分や魚のように小さいものなら適格になるのでしょうか。それは、触ったり、キスしたり、なめたりする行為は、人や動物のどこをそうするかが極めて重要であり、at が「…を目がけて／…に向かって」という意味なのに、「子供を目がけてキスしようとした」などと言うことが意味をなさないからです。猫や子供のどこを触ったり、どこにキスしようとしたかを述べなければいけないからです【付記1】参照）。

ここで、それでは (1b)（=He hit **at** me.）のような文では、殴るターゲットが話し手で、身体全体なのに、どうしてこの文は適格なのかと思われるかもしれません。それは、殴る場合は、キス

するような場合とは違って、人の身体のどこを殴っても、殴ったことに変わりがなく、身体全体が殴るという動作のターゲットになり得るからです。

● これまでの説明とその問題点（3）— 摂取動詞

Levin (1993), Pinker (1989) 等の主張でさらに問題だと思われるのは、(13) にあがっている摂取動詞がすべて動能構文になるという記述です。以下に示すように、私たちのネイティヴスピーカー・コンサルタントたちは、それらのうち、eat, drink, slurp（音を立てて食べる／飲む）は、at も on もとらないと言います。

(21) a. *The girl **ate at** /**on** her dinner.
　　b. *The child **drank at** / **on** milk.
　　c. *The boy **slurped at** / **on** the food.（音を立てて食べる）

(22) a. The dog **chewed on** a bone.（*at）（噛む）
　　b. She **chomped on** some celery.（*at）（むしゃむしゃ食べる）
　　c. The dog **gnawed at** / **on** a bone.（かじる）
　　d. The cat **licked at** the water running down the wall.（*on）（なめる）
　　e. She **munched on** some carrots.（*at）（むしゃむしゃ食べる）
　　f. The mouse **nibbled at** / **on** the cheese.（=7d）（少しずつかじって食べる）
　　g. She **picked at** her food.（*on）（ほんの少し食べる）
　　h. The bird **pecked at** the seed.（*on）（くちばしでつつく）
　　i. She **sipped at** her martini.（*on）（少しずつ飲む）
　　j. The calf **sucked on** / **at** the bottle.（吸う）

(21a-c) の eat, drink, slurp と (22a-j) の動詞の違いは何でしょうか。もうお気づきかもしれませんね。後者の動詞は、飲食が少しずつ徐々に行なわれること(incremental action)を表わしますが、前者の eat, drink, slurp はそのような少しずつの行為ではなく、飲食の対象となるもの全体を食べたり飲んだりすることを表わします。Levin (1993: 42) の動詞リストでは、摂取動詞でも次の gobble タイプの動詞や devour タイプの動詞は、動能構文にならないと指摘されています。

(23) gobble 動詞：bolt（大急ぎで食べる／飲む）、gobble（がつがつ食べる）、gulp（ぐいっと飲む）、guzzle（がぶがぶ飲む）、quaff（がぶ飲みする）、swallow（飲み込む、ごくりと飲む）、swig（ぐい飲みする）、wolf（がつがつ食べる）

devour 動詞：consume（食べ尽くす、飲み尽くす）、devour（がつがつ食べる）、imbibe（(酒を) 飲む）、ingest（摂取する、飲み下す）、swill（酒などをがぶ飲みする）

これらの動詞が少しずつ行なわれる飲食行為を表わしていないことは明らかです。がぶがぶ飲んだり、一気に飲んだり、がつがつ食べて、対象物全体を飲食することを表わす動詞です。そのため、次のような文は、(21a-c) と同様に不適格です。

(24) a. *She **gulped at / on** the water.

　　　(cf. She gulped **down** the water.)

　　b. *He **swallowed at / on** the water.

　　　(cf. He swallowed **down** the water.)（【付記2】参照）

c. *He **devoured at** / **on** his lunch.

　以上から、(13)の摂取動詞 eat, drink, slurp は、(23)の動能構文にならない動詞に入れられなければならないことになります。それではどうして、少しずつの飲食行為を表わす摂取動詞は動能構文になり、そのような行為を表わさない摂取動詞は動能構文にならないのでしょうか。次節で明らかにしたいと思います。

● 他動詞構文と動能構文の意味の違い

　本章冒頭で観察した次の文を再度見てみましょう。

(1) a. He hit me.
　　b. He hit **at** me.
(2) a. Mary cut the rope.
　　b. Mary cut **at** the rope.
(3) a. The boy kicked the ball.
　　b. The boy kicked **at** the ball.

(a)の他動詞文では、話し手は殴られ、ロープは切られ、ボールは蹴られているため、目的語は動詞の表わす行為を直接受けて、状態変化を伴う大きな影響を受けています。一方、(b)の動能構文では、彼が話し手に殴りかかったり、メアリーがロープを切りつけただけで、話し手は殴られなかったかもしれないし、ロープは切れなかったかもしれません。(3b)でも同様です。つまり、動能構文では、主語が前置詞の目的語を目がけて当該の行為を行なうという、動作に焦点があり、他動詞構文のように、動作が目的語に直接及んで、大きな影響を与えたというような点は述べて

いません。言い換えれば、動能構文の前置詞の目的語は、他動詞構文の目的語より、動詞の表わす行為の影響が少ないことになります。他動詞構文では、動詞の表わす行為が隣接する目的語に直接及ぶのに対し、動能構文では、動詞の表わす行為が、前置詞の介在によって目的語に直接は及ばず、目的語はその影響を全面的には受けないと言えます。

次の例でも同様のことが言えます。

(25) a. He **knocked** the man on the head.
  b. He **knocked on** the door.
(26) a. A man was arrested for **beating** his wife.
  b. The bird was **beating at** the window.

(25a) の他動詞文は、彼がその男の頭を強く殴ったという意味で、その男は大きな影響を受けています。一方 (25b) は、彼がドアをノックしたというだけで、ドアは何の状態変化もなく、大した影響を受けているわけではありません。(26a, b) でも同様です。(26a) は、男が自分の妻を激しく続けざまに殴ったという「暴行」(assault) を表わすのに対し、(26b) は、鳥が窓に翼をばたばたとさせただけです。

さらに次の例を見てみましょう。

(27) a. He **chewed** his food well.
  b. *He **chewed at** / **on** his food well.

食物を噛む場合、それを食べるので、食物は状態変化を受けて大きな影響を受けます。この場合、(27a, b) のように、他動詞構文は適格ですが、動能構文は不適格です。よって、目的語が動詞の

表わす行為によって大きな影響を受ける場合は、動能構文では表現できないことが分かります。

次の例も同様です。

(28) a. The cat **clawed** my arm.
b. The cat **clawed at** my arm.

(28a) では、猫が話し手の腕を爪で引っ掻き、話し手は腕を傷つけられ、血が出ているかもしれません。一方 (28b) は、猫が話し手の注意を引こうと何回か優しく腕を引っ掻いたという意味です。場合によっては、猫は引っ掻くことを躊躇したかもしれませんし、きつくは引っ掻いていないので、話し手は怪我をしているわけではありません。つまり、前者は、猫が話し手の腕を引っ掻いた結果に焦点があるのに対し、後者は、猫が話し手の注意を引こうとして行なった動作に焦点があります。

このような違いから、(28a) と (28b) に次のような文を続けると、適格性に違いが生じます。

(29) a. *The cat **clawed** my arm, but he held back and I only suffered some superficial scratches.
「*猫は私の腕を引っ掻いたが、躊躇し、私はほんの軽いかすり傷ですんだ。」
b. The cat **clawed at** my arm, but he held back and I only suffered some superficial scratches.
「猫は私の腕を引っ掻こうとしたが、躊躇し、私はほんの軽いかすり傷ですんだ。」

(30) a. *The cat **clawed** my arm, but gently so as not to hurt me.
「*猫は私の腕を傷つけたが、私に怪我をさせないよう

b. The cat **clawed at** my arm, but gently so as not to hurt me.
「猫は私の腕を引っ掻こうとしたが、私に怪我をさせないような優しいものだった。」

以上から、本章のタイトルにある次の2文の意味の違いはもうお分かりのことでしょう。

(31) a. The cat **scratched** the door.［結果に焦点］
「猫はドアに引っ掻き傷をつけた。」
b. The cat **scratched at** the door.［動作に焦点］
「猫は（たとえば、人の注意を引こうとして）ドアを軽く引っ掻いた。」

(31a) では、ドアに引っ掻き傷がついて、ドアは大きな影響を受けています。つまり、この文は、The cat left scratch marks on the door. という意味です。一方 (31b) は、猫がドアを引っ掻く動作に焦点があり、この文は、The cat repeatedly pawed the door to get someone's attention. という意味です。よって、ドアが受ける影響は、(31a) の場合よりはるかに小さいことになります。もちろん (31b) でも、結果としてドアに引っ掻き傷がついたかもしれませんが、それはこの文の意図するところではありません。

以上の考察から、次の仮説を立てることができます。

(32) **他動詞構文と動能構文の意味の違い**：他動詞構文の目的語は、動詞の表わす行為を受ける直接対象であり、大きな影響を受けるが、動能構文の目的語は、動詞の表わす行為が<u>向かう</u>対象であり、他動詞構文の目的語

より、動詞の表わす行為の影響が少ない。

　私たちは前節の最後で、少しずつの徐々の飲食行為を表わす摂取動詞は動能構文になり、そうでない摂取動詞は動能構文にならないことを示しました。その理由は、もうお分かりかと思いますが、(32) の仮説で説明できます。Chew, chomp, gnaw, munch, pick, peck, sip など、徐々の飲食行為は、少しずつ食べたり飲んだりするので、その目的語の飲食物は、口に入らず残っている部分が多く、影響を受ける度合いが少ないので、動能構文になることができます。一方、eat, drink, gulp, gobble, swallow, slurp などは、飲食物を飲んだり食べたりしてしまうわけですから、その飲食物が受ける影響は極めて大きいものです。したがって、仮説 (32) の予測する通り、これらの動詞は、動能構文に現われ得ないわけです。

　Levin (1993: 41-42) の動詞リストには、打撃動詞（衝撃による接触動詞）でも (33) のような動詞が動能構文にならないと記され、切断動詞でも (34) のような動詞が、そして (35) のような状態変化動詞や破壊動詞が、動能構文にならないと記されています。しかし、それがなぜなのか、何も述べられていません。

(33)　打撃動詞で動能構文にならないもの：
　　　birch (樺の枝を重ねて作ったむちで打つ)、bludgeon (こん棒で何度も叩く)、flog (むち打つ)、sock (こぶしで殴る)、spank (平手で叩く)、thrash (むち等でさんざんに打つ)、whip (むちで打つ)、etc.

(34)　切断動詞で動能構文にならないもの：
　　　crush (押しつぶす)、cube, dice (さいの目切りにする)、gash (深く傷つける)、mangle (ずたずたに切る)、

mince（細かく切る）、pulverize（粉々にする）、shred（切り刻む）、slice（薄切りにする）、etc.

(35)　状態変化動詞、破壊動詞：
break（壊す）、chip（砕く）、smash（粉々に砕く）、shatter（粉砕する）、crumple（しわくちゃにする）、rumple（くしゃくしゃにする）、demolish, destroy（破壊する）、annihilate（全滅させる）、etc.

これらの動詞の目的語は、むち打たれたり、押しつぶされたり、切り刻まれたり、粉砕されたり、破壊されたりと、極めて大きな影響を受けます。そのため、(32) の仮説が予測する通り、他動詞としてのみ用いられ、動能構文にはなりません。

『ジーニアス英和辞典』（第 5 版、p. 1479）には、次の例とともに以下の説明があります。

(36) a.　He **nibbled** a piece of raw carrot.
　　 b.　He **nibbled** at / on a piece of raw carrot.
　　　　（a）の方が（b）より「多く食べた」という意味合いが生じる。Gnaw, munch, sip などの動詞でも、at / on の有無で同様の差が認められる。

(36a) の方が (36b) より「多く食べた」という意味合いがどうして生じるのか、説明はされていませんが、この点も (32) の仮説が予測するところです。他動詞の目的語は、動詞の表わす行為の影響を大きく受けるため、(36a) の人参は多く食べられているのに対し、動能構文の目的語は、その影響がより少ないため、(36b) の人参は、まだ食べられないで残っている部分が多いということになります。

● 動能構文の「繰り返し」の意味はどこから生じるか？

　動能構文は多くの場合、他動詞構文に比べ、当該の動作が繰り返し行なわれるという意味合いが生じます。この点は、動能構文に用いられる摂取動詞が、少しずつの飲食行為を表わし、そのような行為は一般に繰り返し行なわれることからも分かります。さらに次の例を見てみましょう。

(37) a. I **pushed** the table, trying to move it further away from me.
　　b. I **pushed at / against** the table, trying to move it further away from me.
(38) a. She **dabbed** her eyes with a tissue.
　　b. She **dabbed at** her eyes with a tissue.

(37a)では、話し手がテーブルを1回押しただけかもしれませんが、(37b)では、テーブルが動かなかったかもしれないという意味合いに加え、話し手がテーブルを繰り返し押したという意味があります。また(38a, b)では、(38a)より(38b)の方が目をティッシュで押さえる動作がより繰り返して行なわれたと解釈されます。

　同じことは次のような例でも観察されます。

(39) a. He **kissed** her nose.
　　b. He **kissed at** her nose.
(40) a. The cat **batted** the ball back to me.
　　b. The cat **batted at** the ball.

(39a)では、彼は彼女の鼻に1回キスをしただけかもしれません

が、(39b) では、恋人や子供のキスのように、彼が何回か繰り返して、軽く素早いキスをしたと解釈されます。また (40a) では、猫はボールを足で1回だけ打って話し手に戻していますが、(40b) では、猫がボールを何回か繰り返し打っており、ボールにうまく当たらなかったかもしれないという意味合いがあります。

次のような動能構文でも同じことが言えます。

(41) a. He **pawed at** his girlfriend in public.
   b. The cat **scratched at** the door. (=7e / 31b)
   c. The cat **clawed at** my arm. (=28b)

(41a) では、彼が人前でガールフレンドに繰り返し触っており、(41b) では、猫が人の注意を引こうと、ドアを繰り返し引っ掻いており、(41c) では、猫が話し手の腕を優しく繰り返して引っ掻いていると解釈されます。

それでは、どうして動能構文にこのような動作の繰り返しの意味が生じるのでしょうか。それは、動能構文の目的語は、動詞の表わす行為の影響が、他動詞構文の目的語より少ないという (32) の仮説から生じると考えられます。つまり、少しずつの飲食行為を表わす摂取動詞と同様で、動詞の表わす行為が1回行なわれても、動能構文の目的語に与える影響は少ないため、意図した目的が達成されず、繰り返しの行為になると考えられます。

● 動能構文以外の前置詞の有無による意味の違い

これまで、動能構文について考察しましたが、この構文以外にも、同じ動詞が同じ名詞句とともに、他動詞構文の「動詞+目的語(名詞句)」にも、自動詞構文の「動詞+前置詞+目的語(名

詞句)」にも現われる場合があります。たとえば次の例を見てみましょう。

(42) a. She was the first woman to **swim** the English Channel.
「彼女は、英仏海峡を泳いで渡った最初の女性である。」

b. She **swam in** the English Channel.
「彼女は、英仏海峡で泳いだ。」

(43) a. He **walked** the Appalachian Trail.
「彼は、アパラチア・トレイル（全部）を歩いた。」

b. He **walked on** the Appalachian Trail.
「彼は、アパラチア・トレイル（の一部）を歩いた。」

He **walked** the Appalachian Trail.

He **walked on** the Appalachian Trail.

(44) a. He **flew** the sky.
「彼は飛行機で空を飛んだ。」

b. He **flew to** the sky.
「彼は飛行機で空へ飛んで行った。」

(42a) は、英仏海峡を泳いで渡ったという意味ですが、(42b) は、英仏海峡(のどこか一部)で泳いだという意味です。同様に、(43a) は、アパラチア・トレイル (世界で最も長いハイキングのみの小道) の全行程を歩いたと解釈されますが、(43b) は、アパラチア・トレイルの全体ではなく、その一部を歩いたと解釈されます。(44a, b) でも同様の違いが見られます。つまり、他動詞構文では、目的語が動詞の表わす行為の全面的影響を受けていると解釈されるのに対し、前置詞がある場合は、目的語がそのような行為の影響を部分的にしか受けていないことが分かります。

同様の違いは次のような例でも見られます(久野・高見 (2013a: 211-212) 参照)。

(45) a. He **prepared** the exam.
   b. He **prepared for** the exam.
(46) a. I **know** him very well.
   b. I **know of** him very well.

(45a) は、「彼は試験問題を作った (準備した)」という意味ですが、(45b) は、「彼は試験勉強をした (試験に備えて勉強した)」という意味です。試験問題は、<u>作られる</u>ことの方が、人がそれに<u>備えて勉強する</u>ことよりも、「準備する」という行為の影響をより強く受けていると言えます。(46a) の know him は、彼のことを直接知っている、面識がある、という意味ですが、(46b) の know of him は、彼のことを間接的に知っている、彼のことを聞いている、という意味です。

以上のような違いから、私たちは久野・高見 (2013a: 213) で次のような一般化が可能であることを示しました (久野・高見 (2005: 106-110) も参照)。

第4章 The cat scratched the door. と The cat scratched at the door. の違いは何か？ 103

> (47) 同じ動詞が、同じ名詞句とともに、他動詞構文の「動詞＋目的語（名詞句）」にも、自動詞構文の「動詞＋前置詞＋目的語（名詞句）」にも現われ得る場合、動詞に隣接する目的語の方が、動詞と離れた前置詞の目的語より、動詞の表わす行為の影響をより強く受けていると解釈される。

もうお分かりのことと思います。(32) の「他動詞構文と動能構文の意味の違い」は、(47) の一般化から導き出される下位仮説ということになります。

● 日本語の場合

興味深いことに、日本語でも同様の現象が観察されます。次の例を見てみましょう。

(48) a. ドーバー海峡を泳ぐ／ドーバー海峡で泳ぐ
 b. 大空を飛行する／大空で飛行する
 c. 廊下を走る／廊下で走る

場所を表わす「ヲ」格名詞句と「デ」格名詞句では意味が異なり、(48a) では、英語の (42a, b) と同様に、「ヲ」格名詞句の場合は、ドーバー海峡が泳ぐという行為を全面的に受け、そこを泳いで渡ると解釈されますが、「デ」格名詞句の場合は、そこの一部で泳ぐという行為がなされ、ドーバー海峡は部分的な影響しか受けていないと解釈されます。同じことが (48b, c) についても言えます（【付記3】参照）。

同様の違いが、「ヲ」格名詞句と「ニ」格名詞句の間にも見ら

れます。

(49) a. 公園を散歩する
    b. 公園に散歩する
(50) a. 土砂で穴を埋める
    b. 土砂を穴に埋める
(51) a. ペンキで壁を塗る
    b. ペンキを壁に塗る

(49)の「散歩する」のように、「ヲ」と「ニ」の両方をとる場合、「ヲ」だと、公園の広域での散歩を意味し、「ニ」だと、公園への移動のみを意味し、公園は散歩の到達点でしかありません。また、(50a)の「土砂で穴を埋める」では、穴はもう土砂でいっぱいに埋められ、その穴はもはや穴ではなくなってしまうと直感的に感じられますが、(50b)の「土砂を穴に埋める」だと、埋める土砂は少しだけで、穴はまだいっぱいになっていなくてもいいと感じられます。同様に、(51a)の「ペンキで壁を塗る」では、壁のかなりの部分、あるいは全体がペンキで塗られると感じられるのに対し、(51b)の「ペンキを壁に塗る」だと、ペンキが壁のほんの一部に塗られてもいいと感じられます。

以上のような違いから、私たちは高見・久野(2014: 127)で次の一般化を示しました。

(52) 「ヲ」格名詞句と「ニ／デ」格名詞句の意味の違い：同一の名詞句が、「ヲ」格でマークされる場合と、「ニ」格や「デ」格でマークされる場合、前者は、動詞の表わす動作・作用を全面的・直接的に受け、その動作・作用の全面的・直接的影響を受けるが、後者は、動詞

の表わす動作・作用を部分的・間接的に受け、その動作・作用の部分的・間接的影響を受けると解釈される。

したがって、英語で観察した他動詞構文と前置詞付き構文の意味の違いが、日本語では、「ヲ」格名詞句構文と「ニ／デ」格名詞句構文の間に存在していることがお分かりいただけると思います。

● 結び

本章では、次のような他動詞構文と動能構文の意味の違いを考察し、以下の（32）の説明を行ないました。

(3) a. The boy kicked the ball.
    b. The boy kicked **at** the ball.
(31) a. The cat scratched the door.
    b. The cat scratched **at** the door.
(39) a. He kissed her nose.
    b. He kissed **at** her nose.

(32) **他動詞構文と動能構文の意味の違い**：他動詞構文の目的語は、動詞の表わす行為を受ける直接対象であり、大きな影響を受けるが、動能構文の目的語は、動詞の表わす行為が向かう対象であり、他動詞構文の目的語より、動詞の表わす行為の影響が少ない。

そして、(32) の仮説により、たとえば

(i) (3b) で、なぜ少年がボールを実際には蹴っていないかもしれないという意味合いが生じるのか、

(ii) (31b) や (39b) で、どうして引っ掻いたり、キスしたりする動作が繰り返し行なわれたと解釈されるのか、

(iii) なぜ eat, drink, slurp, gulp などの摂取動詞、bludgeon (こん棒で何度も叩く)、thrash (むち等でさんざんに打つ) などの打撃動詞、mince (細かく切る)、shred (切り刻む) などの切断動詞、break, destroy などの状態変化動詞・破壊動詞が動能構文にならないのか

が説明できることを示しました。

さらに (32) は、他動詞構文と自動詞構文の「動詞＋前置詞＋目的語」の間に一般的に観察される次の違いから導き出されることを示し、このような意味の違いは、日本語の「ヲ」格名詞句と「ニ／デ」格名詞句の間にも存在することを観察しました。

(47) 同じ動詞が、同じ名詞句とともに、他動詞構文の「動詞＋目的語 (名詞句)」にも、自動詞構文の「動詞＋前置詞＋目的語 (名詞句)」にも現われ得る場合、動詞に隣接する目的語の方が、動詞と離れた前置詞の目的語より、動詞の表わす行為の影響をより強く受けていると解釈される。

What's My Column About?　It's About 800 Words.

　2016年5月22日付 *New York Times* の Op-Ed (opposite the editorial page の略) ページにゲイル・コリンズ (Gail Collins) の *What's My Column About? It's About 800 Words.* という見出しのコラムが掲載されました【付記1】参照)。コリンズは、2001年から2007年まで、*New York Times* の最初の女性社説委員主任を務めた経歴があり、週2回、政治・文化についてのユーモアたっぷりで、なおかつ辛辣(しんらつ)な論説を書く著名なコラムニストです。私のこのコラムのタイトルは、コリンズのコラムの見出しをそのまま拝借したものです。コリンズは、この表現がジョークであると言っていますが、私は、このコラムで、どうしてそれが言語学的にジョークになるかを明らかにし、続いて、他のいくつかの言語学的ジョーク・ユーモラスな表現を考察したいと思います。

　What's My Column About? It's About 800 Words. は、about という単語が「〜について」と、「およそ」のふたつの意味を持っていることに基づいた「ジョーク」です。コラムニストであるコリンズが What's My Column About? という質問を投げかければ、誰でもそれが「私のコラムは、何についてでしょうか？」と解釈しますが、コリンズは、ここでさらりと身をかわして、この自問に「私のコラムは、およそ何（単語）でしょうか？」に対する、読者がまったく予期していなかった回答「それはおよそ800単語です」を与えているので、これがジョークになるわけです。

同日のインターネットに掲載された、Susan Lehman によるコリンズのインタヴューで、コリンズは、これが、新聞関係者の間で古くからある次のジョークをもじったものと述べています。

(1)　- What's your column about?
　　　- It's about 800 words.

しかし、日本人の英語学習者の大部分は、「およそ」の意味の about が almost, nearly（「ほとんど」）（例：The admission fee is almost/nearly $100.）と同じように、後続する名詞句を修飾する副詞だと考えているのではないでしょうか。そして、そういう読者のうちで、「『修飾語＋被修飾語』構造の被修飾語を、文頭に移動することができない」という制約があることを知っている人たちは、どうして次の(2)が不適格文なのに、(1)の質問に「あなたのコラムは、およそ何（単語）ですか？」という解釈が可能なのか、疑問に思われることと推察します。

(2)　*How much did you say is the admission fee almost/nearly e?
　　　「（意図された解釈）君は入場料がほとんどいくらだと言ったか？」（【付記２】参照）

しかし、コリンズが言うように、(1)が古くから新聞関係者の間でジョークになっているからには、(1)の質問に、「あなたのコラムは、何についてですか」という解釈だけではなく、「あなたのコラムは、およそ何（単語）ですか」という解釈があると思わざるをえません。それでは、どうして、そのような

解釈があるのでしょうか。それは、(1)の質問の about は、どちらの解釈でも前置詞で、「およそ」の解釈は、この前置詞の意味のひとつ in the vicinity of「〜の近辺で・の」に由来するからです。したがって、(1)の質問の「およそ」解釈は、直訳すれば、「あなたのコラムは何(単語)近辺ですか」ということになります。これで、どうして、(1)の質疑応答がジョークを形成するかが明らかになったことと思います。すでに述べたように、コリンズのコラムのタイトルは、(1)を自問自答に替えたジョークというわけです。

　新聞や雑誌の記事の見出しは、記事の内容を正しく伝えるものでなくてはなりません。したがって、上記のコリンズのコラムの見出しのように、筆者がジョークを意図している場合を除いては、二義解釈のある見出しは、当然避けられるべきです。特に、記事の筆者が意図していない解釈の方が自然な解釈であったり、どちらの解釈も自然な解釈であるような見出しは、最悪です。また、筆者が意図していなかった解釈が滑稽であったり、下品であったり、人種偏見を表わしたりしているような場合には、嘲笑の対象になります。そういうわけで、インターネットには、多義解釈の見出しの指摘が山ほどなされています。下に、それらのうちで、コリンズのジョークのような単語の多義性に由来するものをいくつかあげておきます。新聞の見出しの実例なので、冠詞が省略されていることにご注意ください(【付記3】参照)。

(3) a. Police Begins Campaign to Run Down Jaywalkers.
「警察は信号無視歩行者を {取り締まり / 車で轢き} 始める。」

b. Defendant's Speech Ends in Long Sentence.
「被告人の（最終）陳述は｛長い文で終わる / 長い刑期をもたらす｝。」

c. Collegians are turning to vegetables.
「大学生たちが、｛野菜（ダイエット）に向きをかえる / 植物（人間）になる｝。」

d. Prostitutes Appeal to Pope. (http://www.fun-withwords.com/ambiguous_headlines.html)
「売春婦、法王に｛嘆願する / お気に召す｝。」

e. Grandmother of Eight Makes Hole in One.
「8人の子供のおばあさんが、｛ホールインワンをする / 一人に弾丸を打ちこむ｝。」

f. Hospitals Are Sued by 7 Foot Doctors.
「病院が、｛7人の足専門医に / 身長7フィートの医者たちに｝訴訟を起こされる。」

g. Lack of Brain Hinders Research.
「｛脳の不足 / 頭脳の欠如｝が研究を妨げる。」

h. Safety Experts Say School Bus Passengers Should Be Belted.
「安全専門家たちは、スクールバスの乗客たちが｛（安全）ベルトをするべきだ / むちで打たれるべき

だ｝と言う。」

　商品宣伝文句に良い意味と悪い意味があるのを承知で、商品の販売に成功した会社に、スウェーデンの Electrolux という掃除機・洗濯機・冷蔵庫などの家電会社があります。この会社は、1960 年代に次の標語を用いて、英国に掃除機の販売に乗り出し（Wikipedia）大成功を収めました。

（4）　Nothing sucks like an Electrolux.

宣伝には、ピサの斜塔が、Electrolux 掃除機の吸引力で傾いたかのように見せる図に大きく（4）の標語が書かれたポスターが使われました（Dabitch, Internet 15 Jul 2007）。ところが、suck という自動詞には、「（ゴミ、液体などを）吸引する」という意味のほかに、スラングとして、「不愉快極まりない、最低だ」という意味があります（【付記4】参照）。そうするとこの宣伝文句は、「Electrolux ほど吸引力が強い掃除機はほかにない」という解釈だけではなく、「Electrolux ほどひどい掃除機はほかにない」という解釈もあることになり、製品の宣伝にならないはずです。同社が 2000 年頃にアメリカに進出した際も、同じ宣伝文句を使ったという話です。そのため、Electrolux はバカな宣伝をした、suck に悪い意味があることも知らなかったのか、と笑いものの種となったということです。ところが、Wikipedia によれば、会社はそれを知っていて、あえてそういう宣伝文句を使ったという話です。宣伝文句が軽蔑の種になって、製品の知名度が上がれば、売り上げも上がるという作戦だったようです。米国の 2016 年の大統領選挙のための活動で暴言、虚言、愚言をはき続けて連日話題を呼び、"There is no such thing as bad publicity." と豪語して、遂に米国大統領の座を勝ち取った Donald Trump 氏の作戦をすでに 50 年以上前に実行していた会社があったとは、興味深いではありませんか。

これまで、単語の解釈の違いだけで二義が出てくるジョーク、見出し、宣伝文句の例を見てきましたが、二義を得るためには、異なった構文分析をしなければならないものもあります。新聞の見出し（5）がその例です。

(5)　Teacher Strikes Idle Kids.

この見出しは、「教師のストライキが、子供たちを勉強させなくする」か、「教師が、勉強しない子供たちを殴打する」かのふたつの解釈に相当するまったく異なった構文的構造を持っています。

(6) a.

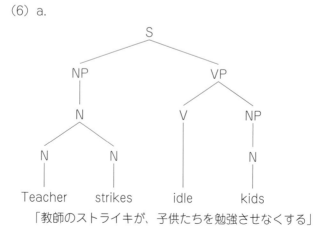

「教師のストライキが、子供たちを勉強させなくする」

b.

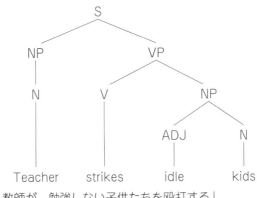

「 教師が、勉強しない子供たちを殴打する」

次の例もすべて、見出しからです。最初の3例にのみ、構文の相違を明示します。

(7) a. Lawyers Give Poor Free Legal Advice.
「弁護士たちは、{貧困者たちに無料司法アドバイスを与える / 不適格な無料司法アドバイスを与える}。」
Poor：名詞句「貧困者たち」/ 形容詞「悪い・不適格な」

b. Stud Tires Out
「スタッドタイヤは、使用禁止 / 種馬は、疲れ果て」
Stud Tires: 複合名詞 – 主語；Out: 述語「よくない、使用禁止」/ Stud:「種馬、＜卑＞男盛りの男性」；Tires Out：自動詞「疲れ果てる」

c. Juvenile Court To Try Shooting Defendant.
「少年裁判所、{発砲した被告を裁判にかける / 被告を射撃することを試みる}。」
Shooting：自動詞（後続名詞の修飾語）/
Shooting：他動詞（後続名詞を目的語とする）

d. Hershey Bars Protest.
「ハーシー（社）が抗議を禁止する / ハーシーバー（チョコレート）が抗議する。」（滑稽）

e. Dealers Will Hear Car Talk At Noon.
「ディーラーたちは、正午に{自動車（について）の話を / 自動車が話をするのを} 聞くでしょう。」

f. Drunk Gets Nine Months in Violin Case.
「泥酔者がバイオリン事件で、9ヶ月（の刑）を受ける / 泥酔者が、バイオリンケース（の中）に9ヶ

月禁固の刑を受ける。」(滑稽)

g. Man Eating Piranha Mistakenly Sold as Pet Fish.
「人食いピラニアが、間違ってペットフィッシュとして売られる / 男性が、間違ってペットフィッシュとして売られたピラニアを食べる。」(記事がどちらの内容かまったく分からない)

h. Eye Drops Off Shelf.
「目薬、店頭から姿を消す / 目玉、棚から落ちる。」

i. Lawmen From Mexico Barbecue Guests.
「メキシコからの保安官たちが {バーベキューのゲスト / ゲストを丸焼きにする}。」(滑稽)

j. Threatened by Gun, Employees Testify.
「銃で脅迫された、と従業員たちが証言する / 銃で脅迫されて、従業員たちが証言する。」(1番目が意図された解釈ですが、頭に最初に浮かぶのは、2番目の解釈でしょう。)

 グルーチョ・マルクス(Groucho Marx 1890-1977)という有名なコメディアン・映画俳優の名をご存知の読者は、少ないかもしれません。(8)は、このコメディアンに由来するも

のとして一部で伝えられているユーモラスな文です。

(8)　Time flies like an arrow; fruit flies like a banana.

この文が面白いのは、前半の文を後半の文と同じ構文的構造を持っていると考えて読めば、「時蠅は矢を好む、果物蠅(ミバエ)はバナナを好む」という意味になるからです。蠅の種類に、fruit flies「果物蠅(ミバエ)」があることは、ご存知の通りですが、あたかも「時蠅」という種がある、という想定のもとの解釈です。time flies, fruit flies は、「名詞＋名詞」で、複合名詞を形成し、前半の time, fruit が後半の flies を修飾しています。この構文解析を樹形図で表わせば次のようになります。

(9)

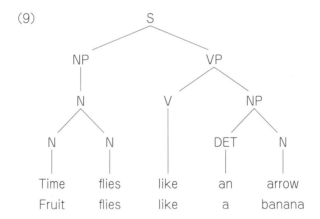

他方、後半の文を前半の文と同じ構文的構造を持っていると考えて読めば、(8) は、「時は矢のように飛ぶ、果物はバナナのように飛ぶ」という解釈になります。この構文解析を樹形図で表わせば次のようになります。

(10)

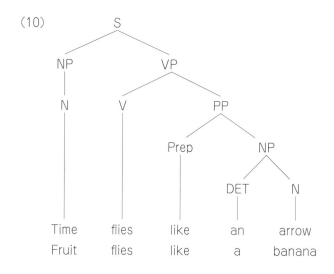

もちろん、「時蠅」などという蠅の種は、この世に存在しませんし、果物もバナナも飛んだりはしません。しかし、そういう百科事典的知識を持っていない自動構文分析機に、英語の構文規則、構文情報を含んだ英語辞書を与えて、上のふたつの文の構造を解析させれば、Time flies like an arrow. には、「時は矢のように飛ぶ」、「時蠅は矢を好む」に相当するふたつの構造をアウトプットし、Fruit flies like a banana. には、「果物蠅はバナナを好む」と「果物はバナナのように飛ぶ」に相当するふたつの構造をアウトプットすることになるわけです。

我田引水になりますが、Time flies like an arrow. が多義文

である、という考察は、筆者が 1960 年に渡米して、ハーバード大学の計算研究所の自動翻訳システム研究グループに参加して開発した英語構文解析システムのプロトタイプが完成して初めて得られた認識です（【付記5】参照）。このシステムが動きだして最初に解析した文が They are flying planes. でした。それが、「彼らは飛行機を飛ばしている」と「それらは飛んでいる飛行機だ」に相当する構文解析をアウトプットすることを確認した後でインプットした文が、幸いにも、多義文であるとは想像していなかった Time flies like an arrow. でした（【付記6】参照）。

この構文分析システムについてのインターナル・レポート以外の最初の出版物は、計算研究所の機械翻訳プロジェクトのディレクターで、私を同研究所に招いてくれた Oettinger 教授と共著の Anthony Oettinger and Susumu Kuno, "Syntactic structure and ambiguity of English", *Proceedings of the AFIPS* Fall 1963: 397-418. ですが、そこには、(8) の後半の文は出てきません。前半と後半を並べて提示したのは、Anthony G. Oettinger, "The Uses of Computing in Science", *Scientific American* 215: 3 (September 1966) です。さて、Wikipedia によれば、この文が Groucho Marx に由来する、という最初の指摘が現われたのは 1972 年で、実際に Groucho Marx がこの表現を使ったという証拠はひとつもない、ということですから、Groucho Marx とは関係ないことになります。若い頃、Groucho Marx のファンであった筆者にとっては、この名優と私を結ぶ細い糸が切れて、残念な思いがします。

This house will sell easily. と言えて、*This house will buy easily. と言えないのはなぜか？ 第5章
― 中間構文の適格性 ―

● 他動詞の目的語が主語に？

Drive, sell, read は、それぞれ「〈車などを〉運転する」(drive a car)、「…を売る」(sell this house)、「〈本・文字などを〉読む」(read his letter) のように、目的語をとる他動詞として用いられるのが一般的ですが、その目的語が主語になり、次のように自動詞として用いることもできます。

(1) a. This car **drives** easily. （この車は簡単に運転できる）
    b. This house will **sell** easily. （この家は簡単に売れるだろう）
    c. His letter **reads** like a poem. （彼の手紙は詩のように読める）

(1a-c) のように、本来、他動詞の目的語、つまり、他動詞が表わす動作・行為を受ける対象物 (this car, this house, his letter) が主語になり、他動詞が自動詞述語として用いられる構文は、言語学で「中間構文」(middle construction) と呼ばれています（【付記1】参照）。みなさんも、(1a-c) のような文があることはご存知でしょう。

同様の例を見てみましょう。

(2) a. This floor **waxes** easily. （この床はワックスがよくかかる）

b. These weeds **pull out** easily.（この雑草は簡単に抜ける）

   c. This Spanish book **translates** easily into English.
      （このスペイン語の本は、英語に簡単に翻訳できる）

   d. A thick beard **shaves** with difficulty.（濃いひげはそりにくい）

   e. She doesn't **scare** so easily.（彼女は多少のことでは驚かない）

ここでも、wax a floor（床にワックスをかける）、pull out weeds（雑草を抜く）、translate a book（本を翻訳する）のように、通例は他動詞表現として用いられる動詞の目的語が主語になり、wax, pull out, translate 等は自動詞として用いられています。

ここで、次の3つの文を見てみましょう。

(3) a. John can **drive** <u>this car</u> easily.（他動詞文）

   b. <u>This car</u> **drives** easily.（中間構文）（=1a)

   c. <u>This car</u> can **be driven** easily（by John）.（受身文）

(3a) は通例の他動詞文で、this car は他動詞 drive の目的語です。(3b) は、その目的語が主語になった中間構文ですが、(3b) と同様の意味は、(3c) の受身文でも表わすことができます。中間構文の (3b) は、他動詞文の (3a) や受身文の (3c) と、どのような点で意味が違っているのでしょうか。中間構文は何を表わしているのでしょうか。

さらに考えたいのは、どのような他動詞でも、その目的語が主語にでき、適格な中間構文になるわけではないという点です。たとえば、(3a-c) の適格性と並行して、次の (4a-c) もすべて適格に見えるかもしれませんが、(4b) の中間構文は、英語としてまっ

たく意味をなさない不適格文です。

(4) a. You can **learn** Spanish easily.（cf. 3a）
　　b. *Spanish **learns** easily.（cf. 3b）
　　c. Spanish can **be learned** easily.（cf. 3c）

同様に、次の文もすべて不適格です。

(5) a. *This house will **buy** easily.（cf. 1b）
　　b. *That movie **sees** easily.
　　c. *Chomsky's generative grammar **understands** well.
　　d. *That song **sings** beautifully.
　　e. *This baby tiger **touches** easily.
　　f. *This poem **memorizes** easily.
　　g. *This assumption **makes** quite easily.

どうして（1a-c），（2a-e）は適格なのに、(4b)，(5a-g) は不適格なのでしょうか。それは次のように、drive, sell, read のような他動詞は、目的語を主語とする自動詞用法があり、それが辞書に記載されているが、learn, buy, see のような他動詞は、そのような自動詞用法がなく、辞書に記載されていないからだと思われる読者がおられるかもしれません。

(6) drive：他動詞「〈車などを〉運転する」／自動詞「〈車が〉運転される」
　　sell：　他動詞「…を売る」／自動詞「〈物が〉売れる」
　　read：　他動詞「〈本などを〉読む」／自動詞「〈本などが〉（…と）読める」

(7) learn：他動詞「…を学ぶ」／*自動詞「…が学べる、覚えられる」

buy： 他動詞「…を買う」／*自動詞「…が買える」

see： 他動詞「〈映画などを〉見る」／*自動詞「…が見られる」

しかし、それではどうして、drive, sell, read のような他動詞には、(6) のような自動詞用法が登録されていて、learn, buy, see のような他動詞には、(7) のように自動詞用法が登録されていないのでしょうか。それは、drive, sell, read には中間構文用法があり、learn, buy, see には中間構文用法がないからなので、これでは堂々巡りになって、どうして (1a-c), (2a-e) は適格なのに、(4b), (5a-g) は不適格なのか、という疑問の答えになりません。

さらに、たとえば send は、「〈物を〉送る」という他動詞用法のみで、「〈物が〉送られる」という自動詞用法は辞書に記載されていません。また、Levin (1993) は、「送付動詞」は中間構文にならないとして、次の (8a) を提示しています。しかし、(8b, c) は、(8a) と異なり、何の問題もない適格文です。また、forward（物を転送する）は送付動詞ですが、(8d) も、何の問題もない適格文です。

(8) a. *Books **send** easily to children. (Levin 1993: 132)

b. ［ある母語話者がニューヨークタイムズの記事を友人にメールで送ろうとしたがうまく送れず、その友人に書いた文］

Sorry, but that article won't **send**.

c. I'm trying to contact a buyer about a product and the message won't **send**. （実例）

d. I don't understand why this message won't **forward**.（実例）

したがって、中間構文の適格性は、ある他動詞が、自動詞用法も持つとして辞書に記載されているかどうかという、動詞自身の語彙特性によって決まるのではなく、その動詞が、どのような文や文脈で用いられるかという、中間構文が表わそうとする意味や機能によって決まると考えられます。私たちはこのような点を踏まえ、中間構文が、他動詞文や受身文と違って何を表わそうとするのか、そして、中間構文がどのような条件のもとで適格となるかを本章で考えたいと思います。

● The door opened. や The vase broke. でも同じ？

上で、中間構文は、もともとの他動詞の目的語が主語になり、その他動詞が自動詞として用いられる構文であるという、中間構文の形式的（統語的）特徴を述べましたが、open, break, stop, roll, burn, close, drop, melt, tear, peel のような動詞も、他動詞用法と自動詞用法があり、他動詞の目的語が自動詞の主語になって次のように用いられることにみなさん思い当たられるかもしれません。

(9) a. John **opened** the door.
    b. The door **opened**.
(10) a. The boy **broke** the vase.
     b. The vase **broke**.
(11) a. The driver **stopped** the car.
     b. The car **stopped**.

従来、このような自他交替（自動詞と他動詞の交替）を起こす動

詞は、言語学で「能格動詞」(ergative verbs) と呼ばれてきました（【付記2】参照）。(9)-(11) の (a) 文では、opened, broke, stopped が、それぞれ「開けた」「割った」「止めた」という意味の他動詞ですが、(b) 文では、その目的語が主語になり、opened, broke, stopped は、それぞれ「開いた」「割れた」「止まった」という意味の自動詞です。そのため、一見、(9)-(11) の (b) 文も中間構文かと思われるかもしれませんが、これらは中間構文ではありません。これらの文と中間構文の違いは次節で述べることにして、ここではまず、(9)-(11) の (b) のような文の意味的特徴を観察しておきましょう。

そのために、次の2組の文を比べてみましょう。

(12) a. The door **opened**. (=9b)
　　 b. The door **was opened**.
(13) a. The vase **broke**. (=10b)
　　 b. The vase **was broken**.

(12a) は「ドアが開いた」と述べています。つまり、ドアは風が吹いて開いたかもしれませんし、誰かが開けたかもしれませんが、この文はその行為者を伏せて、ドアがあたかも勝手に開いたかのように表現する文です。言い換えれば、ドアが他からの作用に関わりなく、自発的に（自然に）開いたかのように表現する文です。そのため、(12a) は次のように by itself（ひとりでに、自然に）という副詞表現を伴うことができます。

(14)　　The door **opened** by itself.

一方、(12b) は受身文で、「ドアが開けられた」と述べています。

したがって、ドアを開けた行為者が省略されているものの、暗示されており、文中に存在します。したがって、次のように言うことはできません。

(15)　*The door **was opened** by itself.

(13a) と (13b) についても同様の違いが観察され、(13a) は、花瓶があたかも自ら割れたかのように表現する文ですが、(13b) は、花瓶を割った行為者が暗示されています。

ここで次の3つの文を比べてみましょう（久野（1977: 324）参照）。

(16)　［あるパーティーでメアリーがワイングラスを床に落として割ってしまい、ジョンがそれを見て別のワイングラスをその家の女主人にもらいに行った際に］
　　a.　Mary **broke** a wine glass. May I have another one?
　　b.　A wine glass **broke**. May I have another one?
　　c.　A wine glass **was broken**. May I have another one?

(16a) の他動詞文は、事実を正しく述べてはいますが、ネイティ

ヴスピーカーは、普通このようには言いません。それは、この文が、ワイングラスを割ったことに対して、直接メアリーに責任を負わせる表現となるからです。一方、(16b) はこのような場面で好まれる表現です。この文は、ワイングラスがあたかも自発的に割れたかのように表現しているため、責任の所在を明らかにせず、メアリーに対して思いやりのある表現だからです。(16c) の受身文は、行為者を省略していますから、この文もメアリーに配慮した表現ですが、それでもグラスを割った行為者を暗示しているため、(16b) の方が、誰にも責任のない動作を表わす表現として、メアリーに対して最も丁寧な表現となります。

● (9b)-(11b) の自動詞文と (1a-c) の中間構文はどこが違うか？

それでは、(9b)-(11b) のような自動詞文（以下に再録）と (1a-c)（以下に再録）のような中間構文はどこが違っており、前者はどうして中間構文と言えないのでしょうか。

(17) a. The door **opened**. (=9b)
 b. The vase **broke**. (=10b)
 c. The car **stopped**. (=11b)
(1) a. This car **drives** easily.
 b. This house will **sell** easily.
 c. His letter **reads** like a poem.

(17a-c) は、ドアや花瓶、車に起こった1回きりの過去の事象を述べています。一方、(1a-c) の中間構文は、主語の車や家、彼の手紙がどのような特性、特質を持っているかを述べています。

中間構文はこのように、主語の特性、特質を述べる文です（この点は、Fiengo (1980), Fagan (1992), 吉村 (1995) 等ですでに指摘されています）。そして、(1a-c) の動詞 drive, sell, read は、(17a-c) の能格動詞 open, break, stop 等と異なり、次のように1回きりの過去の事象を表わすのに用いることはできません。

(18) a. *The car **drove**. (cf. The car **stopped**.)
　　 b. *This book **sold**.
　　 c. *His letter **read**.

ここで、(17a-c) のような能格動詞文でも、次のようにその主語の特性、特質を述べることができるということに留意してください。

(19) a.　This door **opens** easily.
　　 b.　Crystal glass **breaks** at the slightest touch.
　　　　（クリスタルガラスは、ほんの少し触れただけでも割れる）
　　 c.　Dry trees **burn** easily.（乾燥した木は燃えやすい）
　　 d.　Bananas **peel** easily.（バナナの皮は簡単にむける）

ただ、中間構文の場合は、(18a-c) が不適格であることからも分かるように、主語の特性を表わすというのが、中間構文の唯一の機能であるのに対し、能格動詞文の場合は、(17a-c) のように過去の1回きりの出来事を表わすこともできますから、(19a-d) のように主語の特性を表わすというのは、能格動詞文のひとつの機能に過ぎません。よって、次の規定が可能となります（【付記3】参照）。

(20) **中間構文と能格動詞文の違い**：中間構文は、他動詞の目的語が主語になり、その主語の特性を表わすのが唯一の機能であるが、能格動詞文が自動詞としてその主語の特性を表わすのは、能格動詞文の機能のひとつに過ぎない。

ここで、不適格な (18a-c) は、動詞が過去時制で、副詞 (句) の修飾要素がなく、一方、(1a-c) や (2a-e) の中間構文は、動詞がすべて現在時制で、easily, like a poem, beautifully のような副詞 (句) の修飾要素を伴っていることから、中間構文は動詞が現在時制で、副詞的要素を伴わなければならないと思われるかもしれません。実際、Keyser and Roeper (1984) 等はそのような主張をしています。しかし、これらの点は、中間構文が主語の特性を表わす上で重要な役割を果たしてはいますが、必須の要因では必ずしもありません。たとえば、次の (21a-c) は、動詞が過去時制ですが適格ですし、(22a-c) は、副詞 (句) を伴っていませんが適格です。

(21) a. This book **sold** well.
  b. Back in the 70's, religion **didn't sell**.
  c. The old-fashioned type of linen shirt **washed** very well.
(22) a. This dress **buttons**, but that one **zips**.
  b. Sex **sells**.
  c. I'm trying to record an outgoing message but it won't **save**.
   ((8b-d) も参照)

(21a) は、この本がよく売れたという、その本の過去の時点での特性を述べています。(21b, c) も同様です。(22a) は、ふたつの

ドレスが、ボタンで留めるものか、チャックで開け閉めするものかという、ドレスの特徴、特性を述べています。(22b, c) も同様です。そのため、これらの文は、過去時制であったり、副詞(句)を伴っていなくても、主語の特性を述べているので適格です。

これに対し、次のような文は、動詞が現在時制ですが不適格です。

(23) a. *This car **drives**. (cf. This car {**drives** /**handles**} {**easily** / **well**}.)
   b. *This dress **fastens**.

車は運転するものであり、ドレスは身に着けて締めるものなので、(23a, b) の意味内容は当然のことであり、言うことに意味がなく、主語の特性を何ら述べていません。よって不適格です(【付記4】参照)。したがって、(23b) はたとえば次のようにすれば、主語のドレスの特性を述べることになり、適格となります。

(24) a. This dress **won't fasten**. (このドレスは締まらない)
   b. This dress **fastens in the front**. (このドレスは前開きです)

● 中間構文は何を表わそうとするのか?

私たちは先に、能格動詞文 (17a-c) (=The door **opened**. / The vase **broke**. 等) が、ドアがあたかもひとりでに開いたり、花瓶があたかも自ら割れたかのように表現する文であると指摘しました。私たちはここで、(1a-c)(以下に再録)のような中間構文も同様であることを主張します。

(1) a. This car **drives** easily.
　b. This house will **sell** easily.
　c. His letter **reads** like a poem.

（1a）で、車を運転するのはもちろんドライバーですが、この文はその行為者を伏せて、この車があたかもドライバーの運転を自ら容易にしているかのように表現する文だと考えられます。つまり、「簡単に運転できる」という動作が、あたかもその車自らが自発的に引き起こしているかのように表現する文だと言えます。同様に（1b）は、この家が持っている特性のゆえに、売り主が特に何かを行なわなくても、この家が、簡単に売れるという事象を自発的に引き起こすかのように表現する文です（この点は、This book **sells** well. でも同様で、日本語で「この本は飛ぶように売れる」と言うように、その本が自らの特性（たとえば興味深い内容であるなど）で、放っておいても勝手に売れて行き、「よく売れる」という事象を自ら引き起こしているかのように表現する文だと言えます）。（1c）も同様で、彼の手紙が詩のような特性を持っているために、読み手が想像を働かせたり、努力しなくても、彼の手紙が自然に詩のように思えてくると表現する文だと言えます。その点で、このような「自発性」は、能格動詞文（17a-c）だけでなく、中間構文にも当てはまる意味的特徴だと考えられます。

This car **drives** easily.

This book **sells** well.

　ここで、(1a)(以下に再録)を次の (b), (c), (d) の文と比べてみましょう。

(25) a. <u>This car</u> **drives** easily.(中間構文)(=1a)
　　 b. John can **drive** <u>this car</u> easily.(他動詞文)(=3a)
　　 c. <u>This car</u> can **be driven** easily by John.(受身文)(=3c)
　　 d. <u>This car</u> can **be driven** easily.(by 句のない受身文)

(25a) の中間構文は、すでに述べたように、この車が運転しやすいという、主語の特性を述べ、その運転しやすいという事象をこの車があたかも自発的に引き起こしているかのように表現しています。一方、(25b) の他動詞文は、ジョンの運転がうまいという、ジョンについての記述です。(25c) は、この車はジョンだと簡単に運転できると述べており、(25d) の受身文も、行為者が省略されているものの、総称の「人々」が行為者として暗示されており、文中に存在しています。その点、(25a) の中間構文は、行為者が文中に存在せず、主語の「この車」の特性に焦点を当て、その特性を車自らが引き起こしているかのように表現するものです。

　この点は、次の2文で well がどの部分を修飾しているかを考えると、一層明らかになります。

(26) a. These shirts **washed** well.（中間構文）
「このシャツは水洗いがしやすかった。」
　b. These shirts **were washed** well.（受身文）
「このシャツは上手に洗われた。」

これら2文の well は、その修飾している内容が違っています。(26a) の well は、主語シャツの水洗いができる特性を修飾して、シャツの水洗いが効く特性が申し分ないと述べているのに対し、(26b) の well は、シャツを洗った行為者の洗い方、技術を修飾して、それが上手だと述べています。

　以上の考察から、中間構文の統語的・意味的性格付けを次のように規定することができます。

(27) 　中間構文は、もともとの他動詞の目的語が主語になり、その他動詞が自動詞述語として用いられる構文で（統語的性格付け）、主語指示物が、動詞句の表わす事象・出来事をあたかも自発的に引き起こしているかのように記述して、その主語指示物の特性、特質を述べようとする構文である（意味的性格付け）。【付記5】参照)

● 母語話者が用いた中間構文の実例から

　中間構文の適格性をさらに議論する前に、本節では、実際に母語話者が用いた中間構文の例を紹介し、この構文がどのような意図で用いられ、他動詞構文とどのような点で異なるか、理解を深めたいと思います。

　まず、次の例から見てみましょう。

(28)　That envelope didn't **seal** properly, and the contents fell out in the mail.
「その封筒は封の閉まり具合が悪くて、中身が郵便物の中に抜け落ちた。」

この文の話し手は、封筒の折り返しについているパラフィン紙（ろう紙）をはがせば封ができる封筒のことを話しています。Seal は、seal the envelope（封筒に封をする）のように、通例、他動詞として用いられますが、(28) の話し手は、その他動詞 seal の目的語を主語にした中間構文を用いています。その理由は、その封筒に焦点を当てて、その封が弱かったという、その封筒の特徴を述べようとしているからです。

次に、(8b)（以下に再録）を (29b) と比べてみましょう。

(29) a.　[ある母語話者がニューヨークタイムズの記事を友人にメールで送ろうとしたがうまく送れず、その友人に書いた文]
　　　　Sorry, but that article won't **send**. (=8b)
　　b.　Sorry, but I can't **send** that article.

ここでも話し手は、(29a) の中間構文を用い、(29b) の他動詞文を使っていません。その理由は、オンラインのニューヨークタイムズの記事に焦点を当て、それがメールで送ることができるものかどうかという、その記事のひとつの特性を述べようとしているからです。つまり、その記事が、内容が豊富でファイルの容量が大きいために、メールで送ることができないという特性を伝えようとしています。一方 (29b) だと、話し手がその記事を送ることができない理由は明示されていませんから、メールの特性、た

とえばその記事の容量が大きすぎるということが、送れない理由であるという点が、聞き手側に伝わりません。

さらに次の例を見てみましょう。

(30) ［ある人がクッキーを作って持ってきたのを別の人が見て、次のように言う］
I love these cookies. They **dunk** well in a cup of coffee.
「このクッキー好きです。コーヒーにちょうどよく浸(ひた)るんですよね。」

Dunk は、「〈パン・ドーナツなどを〉（コーヒー・紅茶などに）浸す、浸して食べる」という意味ですが、(30)では、その目的語が主語になり、中間構文が使われています。これは、話し手が、聞き手の作ったクッキーがコーヒーにちょうどいい具合に浸って、美味しく食べられるという、そのクッキーの特性、特徴を伝えようとしているからです。もしここで、話し手が次のような他動詞文を使ったら、well が、クッキーがコーヒーによく浸るという特性を修飾するのではなく、話し手がクッキーをコーヒーに浸す技術がうまいという、不自然で容認されない文になります（(26a, b) 参照）。

(31) I love these cookies. *I can **dunk** them well in a cup of coffee.
 (cf. I love these cookies. You can **dunk** them in a cup of coffee.)

最後に次の例を見てみましょう。

(32) a. ［自分のきれいに写っていない写真を見て］
I don't **photograph** well!

「私は写真写りがよくないわ！」
  b. It's a really nice house but it doesn't **photograph** well.
    「それは本当に素敵な家だけど、写真写りはよくない。」
  c. [好況時代（Gilded Age: 1865-1900 頃）のイギリスの生活を描いた BBC 制作のテレビ番組の中でのある人の発話]
    This car **handles** well. (cf. 1a)
    「この車は運転しやすい。」

(32a) が、「私は写真を撮るのがうまくない」という意味ではなく、「人が撮ってくれる私の写真はきれいでなく、私が本来見える姿が忠実に写っていない」、つまり、「私は写真写りがよくない」（=I am not photogenic.）という意味であることはもうお分かりでしょう。この文は、話し手の写真写りに関する特性を述べています（【付記6】参照）。このように、photograph が自動詞として「写真に写る」という意味で用いられることはよくあり、(32b) もその一例です。(32c) は、すでに見た (1a)（=This car **drives** easily.）と同様の例です。ここで、話し手が次のような他動詞文を使うと、主語指示物の写真を撮る技術や車の運転技術の良さ・悪さを述べる表現になってしまいます。

(33) a. They don't **photograph** me well.
  b. They can **handle** this car well.

以上から、中間構文は、話し手が、動詞の表わす動作・行為を受ける対象物を主語にして焦点を当て、その特性を述べようとする構文であることが分かります。

● 中間構文に課される「特性制約」

以上をもとに、次例の適格性の違いを考えてみましょう。

(34) a. This house will **sell** easily. (=1b)
b. *This house will **buy** easily. (=5a)

私たちは先に、中間構文は、主語の特性、特質を述べようとする構文であることを示しました。(34a) では、「簡単に売れる」というのが、主語の「この家」の特性です。同様に (34b) でも、「簡単に買える」というのが、主語「この家」の特性だと思えるのに、どうしてこの文は不適格なのでしょうか。

私たちはさらに、中間構文は、主語指示物が、動詞句の表わす事象・出来事をあたかも<u>自発的に、自ら引き起こしているかのように</u>記述する構文であることを先に示しました。したがって、たとえば (34a) で、主語の「この家」が、「簡単に売れる」という出来事をあたかも自ら自発的に引き起こしているとみなせるためには、その家自体が「簡単に売れる」ための特性を持っていなければならないことになります。ある家が簡単に売れるかどうかは、その家が、たとえばまだ新しくて綺麗であるとか、メンテナンスがよいとか、立地環境がよいとか、値段が手頃であるというような、<u>その家自体が持つ特性</u>によって決まります。そのため (34a) では、主語の「この家」が持つそのような特性が、「簡単に売れる」という事象をあたかも自ら引き起こすとみなせます。一方、ある家が簡単に買えるかどうかは、ローンが認められているとか、現金で買えるぐらい購入者が裕福であるとか、購入手続きが簡単であるというような、<u>購入者の資金繰りや購入の手続き</u>

の簡単さによって決まります。したがって (34b) では、主語の「この家」が持つ特性が、簡単に買えるという事象を自発的に引き起こしているとはみなせません。そのため、この文は不適格になると考えられます。

以上から、次の制約を立てることができます。

(35) **中間構文に課される特性制約**：中間構文は、動詞句が表わす事象・出来事を主語指示物があたかも自発的に引き起こしていると表現するため、主語指示物がその事象・出来事を可能にするとみなせる特性を持っていなければならない。

そうすると、中間構文の主語が、this house などと違って、「簡単に買える」という事象をあたかも自ら引き起こすとみなせるような特性を持っていれば、適格文ができるはずです。この予測は、次の文が適格であることから正しいことが分かります。

(36) Ebay merchandise **buys** and **sells** easily.
「イーベイの商品は簡単に売買できる。」

イーベイ（インターネットオークションを行なうサイト）の商品は、ネット上で簡単に売買でき、(36) の動詞句が表わす事象を可能にする特性を持っています。そのため (36) は、(35) の特性制約に合致して適格文と判断されます（【付記7】参照）。

(35) の制約は、本章冒頭で示した (1a, c), (2a-e) の適格文と (4b), (5b-g) の不適格文も説明できます。まず、前者 ((1a, c), (2a) を以下に再録) から見てみましょう。

(1) a. This car **drives** easily.

　　c. His letter **reads** like a poem.

(2) a. This floor **waxes** easily.

(1a)では、主語の「この車」が、たとえば性能がよく、ハンドル、ギア、ブレーキ等が扱いやすいなど、「簡単に運転できる」という出来事をあたかも自ら引き起こしているとみなせる特性を持っていると考えられます。(1c)でも同様で、彼の手紙が、あたかも一編の詩であるかのように綴られており、読者が意図しなくても、その手紙が「詩のように読める」という事象を自ら引き起こしているとみなせる特性を持っていると考えられます。また(2a)でも、この床が、液体ワックスがしみ込みやすい材質であるとか、表面がなめらかで、モップで液体ワックスをまんべんなくかけるのが容易である、というような特性を持っていて、ワックスが簡単にかかるという出来事をあたかも自ら引き起こしているとみなせる特性を持っていると考えられます。よって、これらの文は(35)の制約を満たして適格となります。

　一方、(4b), (5b-g)((4b), (5b-e)を以下に再録)の不適格文を見てみましょう。

(4) b. *Spanish **learns** easily.

(5) b. *That movie **sees** easily.

　　c. *Chomsky's generative grammar **understands** well.

　　d. *That song **sings** beautifully.

　　e. *This baby tiger **touches** easily.

(4b)で、スペイン語が簡単に学べるかどうかは、学習者が同じ語族に属するイタリア語、ポルトガル語などをすでに知っている

とか、記憶力がよいとか、外国語学習に意欲的であるというような、学習者の特性や資質によって決まることであり、スペイン語自体が持つ特性が簡単に学べるという事象を自発的に引き起こすとはみなせません。つまり、何かを「学ぶ」という事柄は、学習者の素質や学習に費やす時間や努力に依存しており、行為者性が極めて高く、対象物があたかも自発的に引き起こすとみなせるような事象ではないというわけです（同じことが（5f）(=*This poem **memorizes** easily.) にも当てはまります）。

（5b）も同様で、その映画が簡単に見られるかどうかは、多くの映画館で上映されているとか、料金が安いとかというような事柄で決まり、その映画自体の特性で決まる事柄ではありません。また（5c）でも、チョムスキーの生成文法がよく理解できるかどうかは、学習者次第であり、その文法理論の持つ特性がそれを可能にするわけではありません。（5d）でも同様で、その歌を美しく歌えるかどうかは、歌を歌う人の問題であり、その歌の特性で決まることではありません。同様に（5e）でも、虎の赤ちゃんに何なく触ることができるかどうかは、そうする人が虎が好きだとか、動物を怖がらない勇敢な人であるというような、その人が持つ特性によって決まり、虎が持つ特性で決まることではありません。よって、これらの文は（35）の制約を満たさず、不適格となります。

本節の最後に、まだ説明していない次の文を見てみましょう。

(37)   *Books **send** easily to children. (Levin 1993: 132) (=8a)

(37)の動詞句「簡単に子供に送ることができる」というのは、本があたかも自発的に行なうとみなせるような事象ではなく、人間が意図的に行なうことです。本には、このようなことを可能に

する特性はありませんし、この動詞句の意味内容は、本の特性ではまったくありません。そのため、(37) は (35) の制約を満たさず、不適格です (【付記8】参照)。

● さらなる例の考察

本節では、中間構文の例をさらに提示して、これまでの分析がそのような例を説明できるか考えてみましょう。まず、次の例を見てください。

(38) a. Some kinds of weeds **pull out** easily.
 b. *Some kinds of plastic **recycle** easily.
(39) a. You don't look like the kind that **discourages** easily. (実例)
 b. Sean is a below-average student who **discourages** quickly when he meets academic challenges. (実例)
 c. *You don't look like the kind that **encourages** easily.

雑草は、それぞれの種類により、根が地中深くまで延びているものもあれば、地面から浅く生えているものもあります。また、何本もが一緒になって根を張っているものもあれば、1本1本が別々で、分かれて生えているものもあります。そのため、それぞれの特性によって抜きやすいものもあれば、抜きにくいものもあります。(38a) では、いくつかの雑草は、抜きやすい特性を持っていると述べています。そのため、それらの雑草が、人が特に力を入れて努力しなくても、あたかも自発的に、ひとりでに抜けるかのように表現することができます。一方 (38b) では、ある種のプラスチックが再利用できるかどうかは、人間が行なう事柄であり、プラスチックが持っている特性が自発的に再利用を可能に

するわけではありません。そのためこの文は、(35) の特性制約を満たさず、不適格となります。

次に、人が落胆するのは、その人の特性、性格で自然にそうなることがあります。そのため (39a, b) で、聞き手がすぐに落胆するタイプの人のようには見えないとか、ショーンがすぐに落胆する学生であると言えます。しかし、人が勇気づくのは、他人やある嬉しい出来事がその人を勇気づけるからであって、その人自らが自然に勇気づくわけではありません。そのため (39c) は、(35) の制約を満たさず不適格です。

さらに次の例を見てみましょう (Lakoff (1977: 248), Dixon (2005: 453) 参照)。

(40) a. Bean curd **digests** easily.（豆腐は消化しやすい）
　　b. *Bean curd **eats** easily.（豆腐は食べやすい）

豆腐は一般に、柔らかくて消化がいいという特性を持っています。そのため、豆腐自らがあたかも消化をしやすくしているかのように表現することが可能です。一方、豆腐が食べやすいかどうかは、人が豆腐を食べて感じることであり、その人次第です。豆腐が持つ特性が、あたかも食べやすいという事象を自発的に引き起こしているとはみなせません。よって、(40a, b) の対比は (35) の制約で説明することができます。

ただ興味深いことに、Lakoff (1977) や Dixon (2005) は (40a) を適格としているものの、多くの母語話者はこの文は次のように受身形で言うのが普通で、多少の不自然さを感じるとのことです。

(41)　　Bean curd **is easily digested**.

そして、(40a) のような文は、栄養士などが書いた専門的テキストでよく使われると指摘します。実際、次のように専門家が書いたと思われる実例は多く見られます。

(42) a. Whey protein **digests** quickly while casein **digests** slowly.
「ホエー（乳清）タンパク質はすぐに消化するが、カゼイン（リンタンパクの一種）はゆっくりと消化する。」
b. Honey: It is a natural sweetener that **digests** quickly.
「ハチミツ：それはすぐに消化する自然甘味料です。」

それではどうして、普通の母語話者は (40a) より (41) の受身文を用い、専門家がこのような中間構文を用いると適格だと感じるのでしょうか。それは、ある食べ物に消化しやすい特性があるかどうかは、専門家にしか分からず、非専門家と思われる普通の人がその食べ物の特性を述べても、聞き手はそのような信条を受け入れがたいためだと考えられます。つまり、中間構文は、主語指示物の特性について述べる構文なので、その主語指示物の特性をよく知っている人が、そのような特性を知らない人に対して用いるケースが多いということになります。したがってこの点は、中間構文が、宣伝、広告文書や、器具、装置の使用説明書、さらに専門的な文書で多く用いられることと関係しています。以下にそのような例を示しておきましょう。

(43) a. This clever rolling drawer stores and protects shoes in eight separate components – then **stows** neatly under a bed.
(Fagan 1992: 80)
「この巧妙な回転式引き出しは、靴を8つの別々の部分にしまって保護してくれます ― そしてベッドの下

にきちんとしまえます。」

b. (Shoe box rack:) Made of sturdy yet lightweight enameled steel, it **tucks away** neatly into a closet. (ibid.)
「(靴箱棚) 頑丈だが軽量のエナメル加工の鋼鉄製で、クローゼットにきちんとしまい込めます。」

c. Mushrooms **store** best in a brown-paper bag. (Dixon 2005: 452)
「茸は茶色の紙袋に入れてしまっておくのが一番です。」

d. The world is filled with things that can't be ranked because there's no universal yardstick by which to **measure them**. Because they just don't **measure**. (an article about the key to happiness)
「世の中はランク付けできない物事がいっぱいあります。なぜならそれらを測る普遍的な基準なんてないからです。それらはまさに測定不可能なのです。」(幸せの秘訣に関する記事)

　先に、(40a) の適格性判断に関して、母語話者の間で揺れがあることを指摘しましたが、ここで、中間構文の適格性に関しては、この点がかなり顕著であることに触れておきたいと思います。たとえば、Keyser and Roeper (1984) は (44a-d) を提示し、すべて適格と判断していますが、私たちのネイティヴスピーカー・コンサルタントたちは、これらの文を不適格に近い文と判断します。

(44) a. Bureaucrats **bribe** easily.

b. Chickens **kill** easily.

c. The baggage **transfers** efficiently.

d. The wall **paints** easily.

　それではなぜ、中間構文の適格性判断にこのような違いが生じるのでしょうか。それは、(44a) だと、官僚が簡単に買収される特性を持っていると考えるかどうかは、どの国の官僚を頭に浮かべるかによって、差が出てくるはずですし、同じ国の官僚を頭に浮かべるとしても、個人個人の経験によって、差があるためだと思われます。(44b) でも、生きている鶏、鴨、アヒルなどの家禽を殺して羽や骨をとり、料理できるようにする職人たちにとっては、鶏が殺しやすい特性を持っていることは、自明のことかもしれませんが、そういうことをしたことがない一般の人にとっては、そういう特性があるなどということは、頭にも浮かばないためだと思われます。また、(44c) の transfer は、受託手荷物が指定の航空機に運び込まれたり、乗り継ぎ客の手荷物が乗り継ぎ便に運び込まれたりすることを指すものと思われますが、それが効率的に行なわれるか否かは、空港の手荷物移動システムの特質によるわけであって、手荷物の特質によるものではないので、一般の話し手は、(44c) を不適格と判断するものと考えられます。ただし、手荷物だけでなく、郵便物、貨物などの種々の荷物の移動に従事しなければならない空港の職員たちにとっては、コンベアーに乗せれば目的のゲートに自動的に移動させることができる手荷物は、一番移動しやすい特質を持っているということになるかもしれません。そういう人たちにとっては、(44c) は、適格文であるはずで、Keyser and Roeper は、そういう知識を持っていて、この文を適格文と判断したものと推察できます。(44d) については、聞き手が、壁が簡単にペンキを塗れる特性を持つかどうかに関して、個人でその見解、信条が異なります。そのような特性が容易に浮かばない人は、(44d) を不自然、不適格だと考え、受身

文を使わなければならないと判断するものと思われます。

　そうすると、(44d) の主語を多くの人がそのような特性を持つと考えるものに代えれば、誰もが適格と判断する文になると予測されます。この予測は、次の文が適格であることから正しいことが分かります（【付記 9、10】参照）。

(45)　I've scraped off the thick patches of glue on my ceiling but it still won't **paint** properly.（実例）（cf. 44d）
「私は天井で接着剤が厚い部分をはがし落としたが、まだ天井はペンキがちゃんと塗れない。」

最後に、中間構文は、主語指示物の特性を際立たせるような対比的文脈で用いられると、適格性が高くなることを指摘しておきたいと思います。次の例を見てください。

(46) a.　*Bean curd **eats** easily. (=40b)
　　b.　Swai is a Thai catfish, but it **eats like bluegill**, which I love.（実例）
「スワイはタイのナマズですが、ブルーギル（ミシシッピ川流域産）のように食べられ、私は大好きです。」
(47) a.　*This wine **drinks** well.
　　b.　This wine **drinks like sake**.
「このワインはお酒のように飲める。」

Eat や drink のような他動詞は、通常、その目的語の豆腐やワインがあたかも自発的に「食べやすい、飲みやすい」という事象を引き起こすとはみなせず、(46a) や (47a) は不適格です。しかし、そのような動詞でも、(46b) や (47b) のような文で用いられる

と適格文と判断されます。これは、中間構文がその主語の特性を述べようとする構文であるため、(46b), (47b)のように、主語指示物が同類の他のものと対照されると、対照物の特性が比較される解釈を受けやすくなるからだと説明できます。

● 結び

私たちは本章で、(1a-c)(以下に再録)のような中間構文を考察し、この構文の統語的・意味的特徴付けを以下のように規定しました。

(1) a. This car **drives** easily.（この車は簡単に運転できる）
  b. This house will **sell** easily.（この家は簡単に売れるだろう）
  c. His letter **reads** like a poem.（彼の手紙は詩のように読める）
(27) 中間構文は、もともとの他動詞の目的語が主語になり、その他動詞が自動詞述語として用いられる構文で（統語的性格付け）、主語指示物が、動詞句の表わす事象・出来事をあたかも自発的に引き起こしているかのように記述して、その主語指示物の特性、特質を述べようとする構文である（意味的性格付け）。

そして、母語話者が実際に用いた中間構文の例を紹介し、話し手はこの構文を用いることによって、動作・行為を受ける対象物に焦点を当て、その特性を述べようとしていることを示しました。

また、(27)の規定に基づいて次の制約を提示し、この制約によって以下のような文の適格性の違いが説明できることを示しました。

(35) **中間構文に課される特性制約**：中間構文は、動詞句が表わす事象・出来事を主語指示物があたかも自発的に引き起こしていると表現するため、主語指示物がその事象・出来事を可能にするとみなせる特性を持っていなければならない。

(34) a. This house will **sell** easily.
　　 b. *This house will **buy** easily.

(4) b. *Spanish **learns** easily.

(5) b. *That movie **sees** easily.
　　 c. *Chomsky's generative grammar **understands** well.
　　 d. *That song **sings** beautifully.

(39) a. You don't look like the kind that **discourages** easily.（実例）
　　 c. *You don't look like the kind that **encourages** easily.

　さらに、中間構文の適格性判断は母語話者の間で揺れが生じやすいことを指摘し、これは、この構文が主語指示物の特性を述べるものなので、その主語指示物の特性をよく知っている専門家が用いると適格と感じやすいが、普通の人が用いても、聞き手はその人の信条などを受け入れがたい場合があるためであることを示しました。そのためこの構文は、宣伝、広告文書や器具、装置の使用説明書、専門的文書に多く用いられることを示しました。

　しかし、中間構文の使用は、決してこのような特定のジャンルに限られているわけではありません。実際、この構文について私たちが母語話者に尋ねると、彼らは数日して一様に、この構文を自分たちや周りの人が会話などで頻繁に使っていることに気がついたと話してくれ、すでに上で述べた次のような文を指摘してくれました。

(29) a. ［ある母語話者がニューヨークタイムズの記事を友人にメールで送ろうとしたがうまく送れず、その友人に書いた文］
Sorry, but that article won't **send**. (=8b)

つまり、中間構文は、(1a-c),（34a),（39a),（29a) の例のように、主語の特性が常識的に、あるいは単純な推論で認識しやすい場合には、その適格性判断に母語話者の間で揺れがなく、頻繁に口語的に用いられる構文です。読者のみなさんも、思いがけないところにこの構文が用いられているのに出会い、ああ、なるほど、とうなづかれることと思います。

コラム③

アメリカ英語とイギリス英語の違い

　日本の多くの大学で、近年は夏休み等を利用して、海外での英語語学研修が行なわれていますが、筆者の勤める大学でも、イギリスのある大学で行なわれている3週間のサマープログラムに20名近くの学生が毎夏参加しています。今年、その英語研修を受けて帰国した学生の一人が研究室にやってきて、楽しくて勉強になったと言った後、「先生、エレベーターのことをイギリスでは lift と言い、アパートのことを flat と言うのですね。びっくりしました」と話してくれました。日本の英語教育では、アメリカ英語が主に教えられ、「エレベーター」や「アパート」（apartment）は、日本語としても使われているので、学生が「エレベーター」や「アパート」のことをイギリスでは lift, flat と言うと知って、驚きや戸惑いを感じたのは、むしろ当然かもしれません。

　アメリカ英語とイギリス英語では、単語だけでなく、発音やスペリングが違う場合もあります。スペリングでは、ご存知の読者が多いことと思いますが、私たちが馴染んでいる center や program が、イギリス英語では、centre, programme と綴られ、analyze や recognize は、末尾の -ze が -se となり、analyse, recognise となります。Civilization が civilisation と綴られたり、traveling や canceling が travelling, cancelling と綴られるのも、イギリス英語の特徴ですね。

　このコラムでは、最初に、アメリカ英語とイギリス英語の単

語(名詞)の違いのいくつかを、(1)「身近な生活用品等」、(2)「建物・場所」、(3)「その他」に分けて列挙し、簡単な説明を行ないます。次に、動詞に焦点を当て、アメリカ英語とイギリス英語の違いを考えてみたいと思います。

それではまず、次の「身近な生活用品等」の表を見てみましょう。＊を付した単語は、表の後で簡単な追加説明を行ないます。

(1) 身近な生活用品等

日本語	アメリカ英語	イギリス英語
リュックサック	backpack	rucksack
手荷物	baggage*	luggage*
缶・缶詰	can	tin
携帯電話	cell phone	mobile phone
クッキー	cookie	biscuit
トウモロコシ	corn	maize
消しゴム	eraser	rubber
フライドポテト	French fries	chips 【付記1】参照
ガソリン	gas(oline)	petrol
郵便受け	mailbox	letter box
ズボン	pants*	trousers
セーター	sweater	jumper*

「(旅行時の)手荷物、(旅行用)かばん類」は、アメリカ英語では主に baggage が使われ、イギリス英語では主に luggage が使われますが、飛行機での旅行の手荷物には baggage も使われます(【付記2】参照)。飛行機の機内持ち込み手荷物は、アメリカ英語では carry-on, carry-on baggage

または hand baggage と言うのに対し、イギリス英語では hand luggage と言います。Baggage や luggage は「物質名詞」(mass noun) で数えられませんが、carry-on は「普通名詞」で数えられます (one {piece/item} of {baggage/luggage}, two {pieces/items} of {baggage/luggage}; one carry-on, two carry-ons)。また、空港の手荷物引き渡し所は、アメリカ英語では baggage claim, イギリス英語では baggage reclaim と言います。

アメリカ英語の pants (ズボン) は、イギリス英語では「下着のパンツ」を指します。また、イギリス英語の jumper (セーター) は、アメリカ英語では「ジャンパースカート」(ブラウスなどの上に着る女性用の袖なしワンピース) を指し、これはイギリス英語で pinafore と呼ばれます。余談ですが、あるアメリカ人の先生が、推理小説の中で登場人物の一人が携帯電話を mobile phone と言ったことで、その人がイギリス人だと分かり、それが事件解決の糸口になっていたと話されました。言葉でその人の出身が分かることがよくありますね。

次に、「建物・場所」に関する英米語の違いを見てみましょう。

(2) 建物・場所

日本語	アメリカ英語	イギリス英語
トイレ	bathroom	toilet (【付記3】参照)
薬局	drug store	chemist's (shop)
出口	exit	way out
建物の1階	first floor*	ground floor
ショッピングセンター	mall	shopping centre
映画館	movie theater	cinema

駐車場	parking lot	car park
横断歩道	pedestrian crossing	crosswalk
私立学校 (小・中・高)	private school	public school*
公立学校 (小・中・高)	public school	state school
鉄道	railroad	railway
店	store	shop
地下鉄	subway	underground*
電車の駅	train station	railway station

アメリカ英語の first floor（1階）は、イギリス英語では「2階」です。ただ、地下1階、地下2階等は共通で、first basement, second basement となります。イギリス英語の public school（私立学校）は、主に上流階級の子弟を対象とした私立中・高校を指しますが、これはアメリカ英語では、公立の小・中・高校を指します。「地下鉄」は、ロンドンでは tube とも呼ばれます。

最後に、「その他」に関して見てください。

(3) その他

日本語	アメリカ英語	イギリス英語
紙幣	bill	note
勘定書き	check	bill*

秋	fall	autumn*
(順番待ちの) 列	line	queue (キュー)
引っ越し業者	mover	remover
映画	movie	film
薬剤師	pharmacist	chemist
店員	salesclerk	shop assistant
サッカー	soccer	football*
引き分け	tie	draw
ゴミ	trash, garbage	rubbish
郵便番号	zip code	postcord

アメリカ英語の bill (紙幣) は、イギリス英語では「勘定書き、請求書」なので、注意が必要です。「(レストランなどで) お勘定お願いします」という場合、アメリカでは、たとえば Check, please. というところを、イギリスでは Bill, please. のように言います。イギリス英語の autumn (秋) は日常語ですが、アメリカ英語では、詩などで用い、通常は fall を用います。イギリス英語の football (サッカー) は、アメリカ英語では「アメリカン・フットボール」を指します。ところで、試合の得点差でたとえば「3対0」を、アメリカ英語では three zero (または three (to) nothing, three oh) のように言いますが、イギリス英語では three **nil** という表現がよく用いられます。

　(3) に示したように、「映画」を movie というのはアメリカ英語で、私たち日本人もよく知っている単語ですが、イギリス英語では film を使います。筆者の勤務先にアイルランド出身の先生がおられ、その先生が入学試験の個別面接で、What films have you watched? と尋ねられましたが、受験生は

film の意味が分からずきょとんとしていました。私が movie と言うと安心して、これまでに見た映画の話をしてくれました。

それでは次に、動詞の違いを見てみたいと思います。次の (a) と (b) は、アメリカ英語とイギリス英語のそれぞれどちらかお分かりでしょうか。

(4) a. I was going to **ring** you but I noticed I didn't have your number.
   b. I was going to **call** you but I noticed I didn't have your number.

(5) a. To eat here or to **take out**? / To eat here or to **go**?
   「ここで召し上がりますか、それともお持ち帰りですか。」
   b. **Take away** or sit in?（実例）

(6) a. **Mind** you don't spend all your time on the first three questions.
   「最初の3問に時間を全部使わないよう気をつけてください。」
   b. **Be careful** you don't spend all your time on the first three questions.

(4a, b) の ring, call は「電話をかける」という意味ですが、ring はイギリス英語、call はアメリカ英語です。次に、「(店で食べずに) 持ち帰る」は、アメリカ英語では take out、またはくだけた表現で go が用いられますが、イギリスでは take away が使われます。(5b) は、ロンドン・ヒースロー

空港のお店でケーキと紅茶を注文したときに、店員さんが使った表現です。アメリカでは "For here or to go?" (=Is this to eat here, or to go? / Is this for here or to go?) という表現がよく聞かれます。(6a) の mind は、「…に気をつける、注意する」という意味で、主にイギリス英語で用いられます。一方、アメリカ英語では、(6a) の mind に対して、be careful が使われます。

次の文は、筆者がロンドンで地下鉄に乗った際、電車が駅に近づくたびに流れてきた放送です。

(7) Please **mind** the gap between the train and the platform.
「電車とプラットフォームの間の隙間に注意してください。」

この放送をアメリカ人母語話者に話すと、アメリカでは、(7) のような場合に mind を使うのは、古風で (old-fashioned)、奇妙な (quaint) 感じがし、watch や be careful を使って次のように言うだろうとのことでした (【付記4】参照)。

(8) a. **Watch** the gap between the train and the platform.
b. **Be careful of** the space between the train and the platform.

それでは別の動詞に移り、次の (a) と (b) を考えてみましょう。

(9) a. John **had a bath** after **having a break**.
「ジョンは休憩をした後、風呂に入った。」
   b. John **took a bath** after **taking a break**.
(10) a. Six co-workers have recently **been laid off** in our company.
   b. Six co-workers have recently **been made redundant** in our company.

「風呂に入る」、「シャワーをあびる」、「休憩をとる」などは、イギリス英語では have を用いて、have a bath, have a shower, have a break と言いますが、アメリカ英語では通例 take を用い、take a bath, take a shower, take a break と言います。したがって、(9a, b) では、(9a) がイギリス英語、(9b) がアメリカ英語です。(10a, b) の「(一時的に) 解雇される」は、アメリカ英語では be (get) laid off, イギリス英語では be made redundant が用いられます。

さらに次の例を考えてみましょう。

(11) a. I'm taking the car in to get it **fixed**.
   b. I'm taking the car in to get it **mended**.
(12) a. Sorry, but I don't **fancy** going out tonight.
   b. Sorry, but I don't **want** to go out tonight.

(11a, b) の「〈物を〉修理する、修繕する」には、repair, fix, mend などの動詞がありますが、fix は、特にアメリカ英語でよく用いられる口語的表現なのに対し、repair はやや堅い表現です。一方 mend は、特にイギリス英語で用いられ、いろいろな物の修理、修繕に対して使われます。アメリカ英語でも

mend は用いられますが、コート、ドレス、ズボン、シャツなどの布製品の修繕に対して用いられるのが一般的です。したがって、(11a) の fixed はアメリカ英語、(11b) の mended はイギリス英語ということになります。(12a) の fancy は、「〜がしたい」(to want to do something) という意味で、イギリス英語のくだけた表現でよく用いられます。(12b) はその言い換えで、これはもちろんアメリカ英語でもイギリス英語でも用いられます。

最後に、動詞というよりは動詞句、あるいは助動詞と言うべきですが、次の表現を見てみましょう ((14a, b) の wash up は、英米で異なる意味を表わします)。

(13) a. Can you **give me a ride** back to town?
   b. Can you **give me a lift** back to town?
(14) a. Go **wash up** before dinner.
   「食事の前に手を洗ってきなさい。」
   b. Who **washes up** after dinner in your house?
   「君の家では誰が夕食後食器を洗うのですか。」
(15) a. You **needn't** do the work all by yourself.
   b. You **don't have to** do the work all by yourself.

(13a, b) の「〈人を〉(車などに) 乗せてあげる／〈人を〉(車で) 送る」は、アメリカ英語では ride を用い、give (a person) a ride と言うのに対し、イギリス英語では lift を用いて、give (a person) a lift と言います。(14a, b) の wash up は、「手を洗う」と「食器を洗う」の意味で用いられますが、「手を洗う」の (14a) がアメリカ英語、「食器を洗う」の (14b) がイギリス英語です。アメリカとイギリスで意味が違っている

ので、注意が必要ですね。このように、動詞の表わす意味が英米で異なる例は多くあり、たとえば table は、アメリカ英語では「〈議案など〉を棚上げする、審議延期にする」という意味なのに対し、イギリス英語では「〈議案など〉を上程する」という意味で使われます。また、knock up は、くだけたアメリカ英語では「〈女性〉を妊娠させる」という意味ですが、くだけたイギリス英語では「〈人〉をドアをノックして起こす」という意味で使われます。

次に、(15a) の need は、「~する必要がある」という意味の助動詞で、イギリス英語の用法です。アメリカ英語では、「~する必要がない」と言う場合、have to を使って don't have to を用いるのが一般的です。この表現はイギリス英語でも用いられますが、アメリカ英語で (15a) の needn't は使われません(【付記5】参照)。

以上、このコラムで述べたことは、アメリカ英語とイギリス英語の違いの一部ですが、みなさんも両者でさらにどのような違いがあるか調べてみると、面白い事実に出会うことでしょう。日本語でも、大学生を関東では、「1年生、2年生 …」と言うのに、関西では「1回生、2回生 …」と言います。また、関東と関西で習慣が違っていることもあります。たとえば、エスカレーターに乗って立ち止まり、急いでいる人を通す際、関東では左側に立ちますが、関西では右側に立ちます。ことばや習慣の違いに気づくと、何か新しい発見をしたようで、嬉しい気持ちになりますね。

Come と Go はどのように使われるか？(1)
— ふたつの重要概念 —

● これまでの説明

英語の動詞 come と go が、日本語のそれぞれ「来る」と「行く」に必ずしも対応していないことは、すでにみなさんもよくご存知だと思いますが、まず次の問題から考えてみましょう。

> Come と go に関して、次の文ではどちらが用いられるでしょうか。
> (1) [話し手たちはボストン在住]
>   Mother, my classmate Sue says that she and her family are {**coming** / **going**} to Spain this summer. Where are we {**coming** / **going**}?
> (2) [上司が自分の部屋から部下に電話で]
>   A: Tom, would you please {**come** / **go**} to my room now?
>   B: OK. I'm {**coming** / **going**}.

正解は、(1) のふたつがともに going, 逆に (2AB) は、come, coming です。みなさん全問正解かと思われますが、(2B) で迷われた人もおられるかもしれません。その理由は、(1), (2) を日本語に直すと明らかです。

(1') お母さん、クラスメートのスーは、家族でこの夏スペインに{行く／*来る}んだって。私たちはどこへ{行

く／*来る｝の。
(2')　A: トム、すぐに私の部屋に｛来て／*行って｝くれますか。
　　　B: はい、今｛行きます／*来ます｝。

(1), (1') では、going,「行く」が使われ、(2A), (2'A) では、come,「来る」が使われるので、「go =行く」、「come =来る」が成立します。しかし、(2B), (2'B) では、coming に対し、「来る」ではなく、「行く」が用いられるので、come が常に「来る」に対応するわけではありません。

Swan（2005: 109-110）は、英語の come と go の使用に関して次のように述べています。

(3)　We use *come* for movements to the place where the speaker or hearer is (or was or will be) at the time of the movements. We use *go* for movements to other places.
「移動時に話し手または聞き手がいる（いた／いることになる）所への移動には come を用い、それ以外の所への移動には go を用いる。」

(3) をもう少し正確に述べると、

(i)　話し手がいる（いた／いることになる）所へ聞き手や第三者が移動したり、
(ii)　聞き手がいる（いた／いることになる）所へ話し手や第三者が移動する場合（それぞれ以下の (4a) と (4b) の場合）には、come を用い、
(iii)　話し手がいない（いなかった／いることにならない）

所へ聞き手や第三者が移動したり、聞き手がいない（いなかった／いることにならない）所へ話し手や第三者が移動する場合は、goを用いる、

ということになります（【付記1】参照）。つまり、次のふたつの場合にcomeを用い、それ以外はgoを用いるというわけです。対応する日本語も示します。

(4) a. 聞き手・第三者の移動　　b. 話し手・第三者の移動

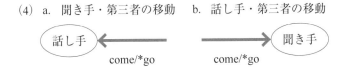

　　　　　　　come/*go　　　　come/*go
　　　　　　　来る／*行く　　　*来る／行く

　(2A), (2'A) では、話し手のいる部屋に聞き手のトムが移動するので、(4a)により、comeと「来る」が用いられます。一方(2B), (2'B) では、話し手のトムが聞き手のいる部屋に移動するので、(4b)により、英語ではcome, 日本語では「行く」が用いられます。そして、(1)のふたつの場合は、(4a, b) 以外のケース（つまり、第三者（スーとその家族）が話し手も聞き手もいない所（スペイン）へ移動したり、話し手たちが、現在いる所（ボストン）とは異なる所へ移動する場合）なので、go（そして日本語でも「行く」）が用いられます。

　上記の説明によれば、英語では (4a, b) のふたつの場合にcomeが、それ以外の場合はgoが使われるので、両者の使用はいたって簡単なように思えます。そして、私たち日本人が気をつけなければいけないのは (4b) の場合のみで、この場合は、日本語の「行く」に影響されてgoを使うのではなく、comeを使わなければならないということになります（【付記2】参照）。

● 実際はもっと複雑

しかし、come と go の使用は、実はそんなに簡単ではありません。まず、(4a) の「話し手がいる所への移動は come を用いる」という点に関して、次の例を見てみましょう。

(5) ［東京在住の話し手がボストンの友人にオバマ米大統領の広島訪問をメールで］
President Obama {**came** / ***went**} to Hiroshima on the evening of May 27, 2016, to mourn the many people killed by the atomic bomb 71 years ago.

(5) でオバマ大統領は、話し手のいる東京ではなく、広島を訪れています。そのため、(3) の規定や (4a) のような「話し手がいる所への移動」ではありませんが、話し手は came を使い、went は不適格です。つまり、(3) のような「話し手がいる所」という表現は、厳しすぎて不十分だと考えられます。

次に、(4b) の「聞き手がいる所への移動は come を用いる」に関して、次の例を見てみましょう。

(6) ［話し手とその息子 Mike はボストン在住で、Mike はボストンの会社に勤務。話し手の兄（Mike の伯父）はニューヨーク在住。話し手が兄に電話で］

a. As I told you over the phone, Mike is visiting New York on business next week. He wants to {**come** / ***go**} to see you and your family when he's through with business. He would like to talk to you about his work.
b. As I told you over the phone, Mike is {??**coming** / **going**} to New York next week to meet with a client, but he'll stay there only for one day, and won't be able to visit you.

話し手：ボストン　　　聞き手：ニューヨーク

(6a, b) はともに、話し手の息子マイクが、伯父の住んでいるニューヨークへ来週行くことを述べており、「聞き手がいる所への（第三者の）移動」のケースです。そのため (3) や (4b) は、(6a) で come, (6b) で coming が用いられると予測します。この予測は、(6a) では正しいものの、(6b) ではまったく逆で、coming は不自然、不適格で、going が使われます。したがって、(3) の規定や (4b) の説明だけでは不十分です。(6a, b) の違いは一体、どのように説明されるのでしょうか。

　本章と次章、次々章の3章では、上記のような問題を考察し、come と go がどのような条件のもとに使用されているかの謎に迫

● 重要概念（1）—「ホームベース」

Come と go の使用を考える上で、「ホームベース」と「視点」というふたつの重要な概念があります。この節では、その最初の「ホームベース」について説明します。

ある人のホームベースとは、「その人が、移動者の移動前に、または移動者の到着時に、いる所」を指します。（この定義の「ある人」が、移動者自身を指す場合には、「移動者が移動前に、またはその到着時に、いる所」ということになります（【付記3】参照）。人のホームベースは、文脈によって小さくなったり大きくなったりする柔軟な概念で、最も小さい場合は、その人の家やオフィスですが、文脈に現われる他の位置に応じて、その人が住んでいる町や県、国、アジアなどへと広がっていきます。(4a, b) の図式の問題点は、come の到達点が「話し手」、あるいは「聞き手」という極めて限られた概念で表わされていることで、これらの概念を、「話し手のホームベース」、「聞き手のホームベース」に置き換える必要があります。

このように考えると、もうお気づきのことと思いますが、前節の (5)（以下に再録）の問題が解決されます。

(5)　　［東京在住の話し手がボストンの友人にオバマ米大統領の広島訪問をメールで］
President Obama {**came** / *went} to Hiroshima on the evening of May 27, 2016, to mourn the many people killed by the atomic bomb 71 years ago.

オバマ米大統領の広島訪問の出発地ホームベースは米国です。それに対応して、到着地(広島)、話し手の居住地(東京)も、その上位ノード(カテゴリー)の「日本」に拡大されます(【付記4】参照)。東京在住の話し手が、オバマ大統領の広島来訪を came で表現できるのはこのためです。もしボストンに定住しているアメリカ人が (5) を誰か他の人に言うのなら、大統領はそのアメリカ人のホームベースに移動するわけではありませんから、went が用いられます。

　同じことは、次の例でも言えます。

(7) 　[オーストラリアに住む Cate と、アメリカのワシントン D. C. に住む Sam は、姉と弟の関係。Sam が妻に次のように言う]

Cate is {**coming** / *going} to Los Angeles next month. Let's meet her there and travel across the US to our home together.

ケイトのアメリカ西海岸、ロサンゼルス来訪の出発地ホームベースは、オーストラリアです。それに対応して、到着地(ロサンゼルス)と、話し手の居住地(東海岸のワシントン D. C.)も、その上位ノードの「米国」に拡大されます。よって、話し手がワシントン D. C. に在住であっても、ケイトのロサンゼルス来訪に

coming が用いられます。

(7) で示した移動者ケイトの到着地ロサンゼルス、話し手サムの居住地ワシントン D. C. の「米国」へのホームベース拡大は、ケイトのオーストラリアという外国ホームベースに誘引されたものですが、次の例の移動者ジェインの居住地は、外国ではありません。

(8) ［アラスカに住む Jane と、アメリカのワシントン D. C. に住む Sam は、姉と弟の関係。Sam が妻に次のように言う］
Jane is {**coming** / *going} to Los Angeles next month. Let's meet her there and travel across the US to our home together.

ここでも going ではなく、coming が用いられるのはなぜでしょうか。それは、アラスカが米国本土ではないので、上位ノードに「非米国本土」があるからです。この上位ノードが誘因となって、話し手のホームベースもワシントン D. C. から「米国本土」に拡大され、ジェインの到着地ロサンゼルスが話し手のホームベースになって、coming が使われるわけです。

これで、(3) や (4) で用いられている「話し手・聞き手が<u>いる所</u>」という表現が不十分であり、「ホームベース」という概念

が必要であることがお分かりいただけたことと思います。ここで念のため、「ホームベース」という概念は、従来の説明 (3) (や (4a, b)) で処理されてきたような例ももちろん説明できることを確認しておきましょう。

(9) a. Professor, can I {**come** / *go*} to your office tomorrow and talk about my dissertation? ［聞き手のホームベースへの移動］

b. Linda {**came** / *went*} and visited me in the hospital when I had my operation last week. ［話し手のホームベースへの移動］

(10) a. ［話し手・聞き手、John と Mary はボストン在住］
John and Mary are getting married next week and {**going** / *coming*} to Hawaii for their honeymoon.

b. My sister had long wanted to study abroad and finally {**went** / *came*} to Italy last month.

(9a) で、聞き手 (先生) が明日いることになる研究室は、話し手 (学生) の研究室到達時に聞き手のホームベースです。また (9b) で、話し手が先週、手術のために入院していた病院は、リンダの病院到達時には話し手のホームベースです。よって、(9a, b) では come, came が用いられます。一方 (10a) で、ジョンとメアリーが新婚旅行で行くハワイは、ボストンにいる話し手と聞き手にとっては、ホームベースではありません。また (10b) で、話し手の姉が留学したイタリアも、話し手のホームベースではありません。よって、(10a, b) では going, went が用いられます。

「ホームベース」という概念は、come と go の使用にさらに大きく関わりますが、その点は次章で詳しくお話しします。

● 重要概念（2）—「視点」

　もうひとつの重要概念は、話し手が、ある人の移動をその移動者の立場から描写するか、それともその移動の到着点側の人の立場から描写するかという、話し手の「視点」です。まず、次のように、ジョンがメアリーのホームベースへ移動した場合を考えてみましょう。

(11)

(11) の移動を描写する際に、話し手は、この移動をジョン寄りの立場から描写すれば、つまり、ジョン寄りの視点をとれば、(12a) のように went を用い、メアリー寄りの立場から描写すれば、つまりメアリー寄りの視点をとれば、(12b) のように came を用いて表現します。これは、日本語でも同様です。

(12) a.　John **went** to Mary.（ジョンがメアリーの所へ<u>行った</u>）
　　　b.　John **came** to Mary.（ジョンがメアリーの所へ<u>来た</u>）

それでは、話し手が聞き手のホームベースへ移動する場合はどうでしょうか。

(13)

話し手がこれから聞き手のホームベースへ移動する場合、英語では（2b）で見たように、I'm **coming** / ***going** (to you/your room). となります。つまり、英語ではこのような場合、話し手は、自らの視点ではなく、聞き手の視点をとるわけです。これが日本語との大きな違いで、日本語ではこの場合、話し手はあくまでも自分の視点をとって、「今行きます」と表現し、聞き手の視点をとって「*今来ます」とは言えません。つまり、日英語の大きな違いは、話し手が聞き手のホームベースへ移動する際、英語では話し手が聞き手の視点をとるのに対し、日本語では、話し手が自らの視点をとるという点です。

視点という概念を考慮すると、本章冒頭で述べた（6a, b）（以下に再録）の適格性の違いがなぜだか分かります。

(6) ［話し手とその息子 Mike はボストン在住で、Mike はボストンの会社に勤務。話し手の兄（Mike の伯父）はニューヨーク在住。話し手が兄に電話で］

　a. As I told you over the phone, Mike is visiting New York on business next week. He wants to {**come** / ***go**} to see you and your family when he's through with business. He would like to talk to you about his work.

　b. As I told you over the phone, Mike is {??**coming** / **going**} to New York next week to meet with a client, but he'll stay there only for one day, and won't be able to visit you.

（6a）で話し手は、息子のマイクがニューヨーク在住の兄とその家族に会って話したがっていることを述べ、兄に仕事の話を聞いてもらいたがっていると言っています。話し手が聞き手の立場に立ち、当該の移動を聞き手の視点から描写するということは、話

し手は、その移動が聞き手にとって関係があり、聞き手が移動してきた人と会って何かを行なうというような影響を与えるものであると認識していると考えられます。そのため、私たちはここで、come は、「移動者が移動目的地で、そこをホームベースとする人と密接なインターアクション（相互作用）をすることを目的として移動することを意味する」と考えます。そうすると、(6a) で移動者のマイクは、移動目的地のニューヨークで、そこをホームベースとする伯父と会って仕事の話をするので、come が用いられ、話し手は、聞き手である兄（マイクの伯父）に視点を寄せてマイクの移動を描写していると解釈されます。一方 (6b) では、話し手は、息子マイクの来週の予定や状況を一方的に述べ、聞き手のことについては何も述べていません。つまり、マイクのニューヨークへの移動は、伯父とのインターアクションを目的としておらず、伯父に対して何ら影響を与えません。よって、話し手は息子のマイク寄りの視点からこの文を述べているので、going が使われます（【付記５】参照）。

さらに次の例を考えてみましょう。

(14) ［東京在住の話し手が、ボストン在住の友人に自分の息子（宏）がボストンへ旅行するので次の連絡をする］
Thank you very much for telling me that you would like to host Hiroshi when he visits Boston. He is looking forward to seeing you and your family soon. He is {**coming** / **going**} to Boston next month. I will let you know more in detail soon.

ここでは、coming も going も適格です。ただ、話し手が、息子の宏が聞き手やその家族に会ってもらいにボストンへ行くという点に焦点を置けば、つまり、聞き手寄りの視点をとれば、coming

が用いられ、逆に、息子がボストンへ旅行するという点に焦点を置けば、つまり、息子寄りの視点をとれば、going が用いられます。(14) では、この両方の解釈が可能なので、coming も going も可能ということになります。

　話し手（書き手）の視点という概念を用いれば、物語などで登場する人物が、別の登場人物のホームベースへ移動する場合も簡単に説明できます（【付記１】も参照）。この場合、(12a, b) で示したように、話し手が移動者寄りの視点をとれば go が、逆に、到着点側の人寄りの視点をとれば come が用いられます。次の例を見てみましょう。

(15) a. He was sick of spending so much time alone in his house, and so he {**went** / ***came**} to see an old friend in another town who also lived alone.
　　b. The war was over, and she was still waiting for her fiancé Jim to come home. One day a friend of his {**came** / ***went**} to her house and said that Jim had been killed on the battle-field.

(15a) は、主語の「彼」が話題の中心で、もう一人の登場人物 an old friend は、ここで新しく話題に導入された人です。また、(15a) の第１文は、「彼」の内部感情（家でずっと独りぼっちで過ごすことに飽き飽きしていた）を表わしているので、これらふたつの理由から、この文の話し手（書き手）は、主語（移動者）の「彼」寄りの視点をとっていると考えられます。よって、went が用いられます。同様に (15b) でも、話題の中心は「彼女」で、もう一人の登場人物 a friend of his は、ここで新しく話題に導入されています。そして、彼女がフィアンセの帰りを待っていると

いう、彼女の内部感情が述べられているため、この文の話し手(書き手)は、彼女寄りの視点をとっています。そのため、a friend of his の移動を「彼女」寄りの視点から描写しているため、came が用いられます。言い換えれば、移動者の到達点が、この話題の中心である「彼女」のホームベースなので、came が用いられるということになります。

以上で、(3) や (4) では考慮の対象とならなかった「視点」という概念が、come と go の使用に大きな役割を果たしていることがお分かりいただけたことと思います。

以上で私たちは、come と go の使用を説明する上で重要となるふたつの概念、「ホームベース」と「視点」の概略を述べました。それでは、これらふたつの概念は、どのように関係し合って come と go の使用を決定づけているのでしょうか。私たちは次章で、「ホームベース」に基づく come と go の使用制約を明確にし、次々章で「視点制約」がこの「ホームベース制約」にどのように関わるかを明らかにして、come と go の使用を説明したいと思います。

Come と Go はどのように使われるか？（2）
—「ホームベース制約」—

第7章

● ホームベース制約

私たちは前章で、「ホームベース」という概念を提示し、come の到達点を「話し手」、あるいは「聞き手」とする従来の分析が不十分であり、これらの概念を「話し手のホームベース」、「聞き手のホームベース」に置き換える必要があることを示しました（前章の (5), (7) を参照）。このホームベースという概念をもとに、come と go の使用制約を規定すると、次のようになります。

(1) **Come と go の使用に課されるホームベース制約**（暫定的制約）：
   a. （発話時あるいは移動者の到達時に）移動者の移動行為の到達点が、話し手・聞き手のホームベースであれば come, さもなくば go を用いる。
   b. 第三者の移動行為の到達点が、話題の中心となる（= 話し手・書き手が視点を寄せる）別の第三者のホームベースであれば come, さもなくば go を用いる。

(1a) は、次の (2a) と (2b) の場合に come を、それ以外は go を用いると規定し、(1b) は、次の (2c) の場合に come を、それ以外は go を用いると規定していることになります。

(2) a. 聞き手・第三者の移動　b. 話し手・第三者の移動

c. 第三者の移動

　(1a) の括弧内の表現 (「発話時あるいは移動者の到達時に」) がなぜ必要であるかは、以下ですぐに説明します ((4)-(9) を参照)。また、この部分の表現は、のちほど若干の修正が必要となるので ((11) を参照)、(1) の制約を「暫定的制約」とします。(1b) は、前章の (15a, b) (以下に (3a, b) として再録) で示した点を規定したものです。

(3) a. He was sick of spending so much time alone in his house, and so he {**went** / *came} to see an old friend in another town who also lived alone.

　　b. The war was over, and she was still waiting for her fiancé Jim to come home. One day a friend of his {**came** / *went} to her house and said that Jim had been killed on the battlefield.

(3a, b) から分かるように、第三者が話題の中心となる人物 (= 話し手・書き手が視点を寄せている人物) のホームベースに移動

する場合に come（(3b) 参照）、そうでなければ go（(3a) 参照）が用いられるので、(1b) および (2c) は自明のことと思われます。

　それでは、肝心な (1a) の説明に移ります。人のホームベースは、前章で示したように、その人の家やオフィスから、その人が住んでいる町や国へと広がっていくだけでなく、複数個あると考えられます。たとえば、ボストン（米マサチューセッツ州）に住んでいて、メイン（メイン州）に別荘を持っている人にとっては、ある人（移動者）がボストンの家に移動するときにメインの別荘に行っており、ボストンの家に不在であっても、(1a) に示したように、発話時にボストンにいれば、ボストンの家がその人のホームベースです。そのため、(1a) の「ホームベース制約」により、次の文では coming が用いられます（【付記 1】参照）。

(4)　　［ボストン在住の人が日本の友人、淳にメールで］
　　　　Jun, I hear from my friend that you are {**coming** / *****going**} to Boston to attend a conference next week. However, I will be in Maine then. It's too bad that I won't be able to see you. I look forward to next time.

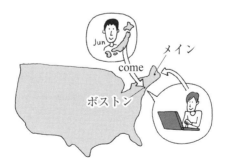

そして同時に、ある人（移動者）の移動先が話し手のメインの別荘で、移動者の移動時前後に、話し手もその別荘にいるという

文脈では、別荘も話し手のホームベースです。よって、次の例でも coming が用いられます。

(5) I'm going to stay at my vacation home in Maine this summer. How about {**coming** / ***going**} to see me there in the first week of August?

さらに、ある人がたとえばコーヒーショップに行き、そこで誰かに会うというような場合は、その人が一時的にいることになるコーヒーショップのような場所も、その人のホームベースとなります。したがって、次の文でも come が用いられます。

(6) I'll be reading at the coffee shop inside Barnes & Noble Book Store late tomorrow morning. Can you {**come** / ***go**} there around 11:30?
[Barnes & Noble は、米国の書店チェーン]

(1a) と (2a, b) に基づいて、さらに次の文を考えてみましょう。

(7) I'm now in Maine, spending the summer at my place in Bar Harbor. If you want to {**come** / **go**} to my Cambridge house and stay there during your conference in Boston, I'll get in touch with my sister and let her know that you'll be coming to stay there. (cf. 4)

第7章　Come と Go はどのように使われるか？（2）　177

（7）では、（4）と異なり、話し手が発話時にすでにメインの別荘におり、聞き手にボストン、ケンブリッジの自宅に来て、会議の間、そこに泊まってもよいと話しています。この場合、(i) 聞き手がアメリカではなく、たとえば日本にいて、そこからボストンの会議に参加するとすれば、come が使われます。なぜなら、聞き手は日本からアメリカに来るので、話し手がボストン、メインのどちらにいようが、両者がその上位ノードの「アメリカ」に拡大され、両方が話し手のホームベースとみなされるからです（前章の例文（5）（＝東京在住の話し手がボストンの友人にオバマ米大統領の広島訪問を述べた文）を参照）。

　一方、(ii) 聞き手がアメリカ、たとえばシカゴにいて、そこからボストンの会議に参加するとすれば、go が使われます。なぜなら、話し手の夏の間の居住地（バーハーバー）、聞き手の出発地（シカゴ）、聞き手の移動到達点＝話し手の本宅地（ケンブ

リッジ）は、すべて同じレベルの土地名で、それらを上位ノード（たとえば、米国）に拡大する誘因がありません。話し手は発話時にも、移動者の到着時にも、ケンブリッジにはいませんから、(1a) の規定の「（発話時あるいは移動者の到着時に）移動者の移動行為の到達点が、話し手・聞き手のホームベースであるときにのみ come が使える」という条件を満たさず、ケンブリッジの自宅は、話し手のホームベース性を失うことになります。よって、(1a) により go が使われるというわけです。(1a) の規定に、「（発話時あるいは移動者の到着時に）」という指定があるのは、このためです。

　(1a) の「ホームベース制約」は、さらに次のような文で、go が用いられることも説明できます。

(8)　　［話し手、ジョン、メアリーが話し手のオフィスで会議をしている］
　　　It would be great if John or Mary could {**go** / ***come**} to my house and bring back the red folder on the desk in my study.

(9)　　［話し手が秘書に、大学院生室にいる誰かに自宅に置いてきたフォルダーを取りに行ってもらうよう手はずをしてくれという意図で］
　　　It would be great if someone could {**go** / ***come**} to my house and bring back the red folder on the desk in my study.

(8), (9) では、聞き手のジョンかメアリー、あるいは第三者の誰かの移動先が、話し手の自宅ですが、話し手は、(7) の場合と同様に、発話時にも、移動者の到着時にも、自宅にいません。したがって、(7) と同様に、このような文脈でも、話し手の家がホームベース性を失うことになり、(1a) により go が用いられます。

さらに次の例では、母親は自宅におり、娘のドロシーが行く郵便局は、話し手のホームベースではまったくないので、(1a) により、当然 go が用いられます。

(10) ［母親が娘に自宅で］
Dorothy, could you {**go** / ***come**} to the post office on your way to school and mail this letter?

以上で、(1) の「ホームベース制約」により、多くの例が的確に説明できることを示しましたが、ここで、(1a) の制約の括弧内の表現、「発話時あるいは移動者の到達時に」についてもう少し吟味する必要があります。この表現が関与する例は、(4)–(9) でしたが、これらはすべて移動行為が未来に（つまり発話時より後に）起こる事象を述べるものでした。そのため、発話時あるいは移動者の到達時に、話し手・聞き手がホームベースにいるかどうかが重要な役割を果たします。しかし、過去の移動行為を述べる場合は、もうその移動がすでに起こってしまっているため、発話時の現在とは関係がありません。そのため、その移動が起きた到達時（過去）に話し手・聞き手がホームベースにいるかどうかのみが重要で、(1a) の規定の「発話時」は関与しません。その証拠に次の例を見てみましょう。

(11) I thought you invited me to dinner at 7 tonight, but when I {***came** / **went**} to your place, you weren't there.

ここでは came は不適格で、went が用いられます。その理由は、話し手が聞き手の家に行ったとき、聞き手が家にいなかったので、聞き手の家がホームベース性を失うからです。もちろん、話

し手がこの文を聞き手に言った<u>発話時</u>には、聞き手が自宅に戻っていたかもしれませんが、それは、この文の表わす過去の出来事とは関係がないので、過去の移動を述べる場合は、(1a) の「発話時」は不要となります。よって、(1) のホームベース制約は次のように修正されます。

(12) **Come と go の使用に課されるホームベース制約**：
    a. (発話時あるいは移動者の到達時に (過去の移動行為を述べる場合は「移動者の到達時に」)) 移動者の移動行為の到達点が、話し手・聞き手のホームベースであれば come, さもなくば go を用いる。
    b. 第三者の移動行為の到達点が、話題の中心となる (=話し手・書き手が視点を寄せる) 別の第三者のホームベースであれば come, さもなくば go を用いる。

ここで、(12a) の括弧内の表現「発話時あるいは移動者の到達時に (過去の移動行為を述べる場合は「移動者の到達時に」)」は、(12b) の第三者が別の第三者 (話題の中心人物) のホームベースに移動する場合にも当てはまるので、(12a) と (12b) は統合されて、次の最終的制約となります。

(13) **Come と go の使用に課されるホームベース制約**：
    (発話時あるいは移動者の到達時に (過去の移動行為を述べる場合は「移動者の到達時に」)) 移動者の移動行為の到達点が、話し手・聞き手・話題の中心人物 (別の第三者) のホームベースであれば come, さもなくば go を用いる。

●「ホームベース制約」で説明できるさらなる例

まず、次の文を見てみましょう。

(14) a. I'm {**coming** / *going} to your birthday party this weekend.
   b. Are you {**coming** / **going**} to Professor Smith's retirement party next weekend?

(14a) では、coming が用いられ、この点は (13) のホームベース制約で説明できます。なぜなら、聞き手のバースデーパーティーには、当然、聞き手が出席するので、それは聞き手のホームベースであり、そこへ話し手が移動するからです ((2b) 参照)。しかしここで、going が唯一適格となる特殊なケースがあります。それは、聞き手が自分のパーティーに出席しない場合です。たとえば、聞き手がアメリカ兵で、現在は中近東に配属されており、聞き手の妻が、本人はいないものの、アメリカの自宅で彼のパーティーを催し、そのパーティーに話し手が出席するというような場合は、次のように going が適格となります。

(15) Tommy, I'm {***coming** / **going**} to your birthday party this weekend, sorry that you can't be there.

聞き手(Tommy)　　　話し手

この事実は、この文の発話時にはもちろん、話し手の移動時にも、聞き手が自分のパーティーに出席しないため、そのパーティーが聞き手のホームベース性を失うことに起因しています。よって(13)により、coming が不適格で、going が用いられることが説明できます。

次に (14b) では、スミス先生の退職パーティーに話し手自身も出席する場合は、そのパーティーが聞き手の到達時に話し手のホームベースとなるので、coming が用いられ、話し手が出席しない場合は、そのパーティーが話し手のホームベースではないので、(13) により going が用いられます(【付記2】参照)。

さらに次の (16) と (17a, b) を比べてみましょう。

(16)　I'm going to Mary's birthday party this weekend. Are you {**coming** / **going**} to her party, John?

(17)　a.　I'll be dropping in on Mary's birthday party this weekend. Are you {***coming** / **going**} to her party?

　　　b.　I'll drop in on Mary's birthday party this weekend just for a few minutes. Are you {***coming** / **going**} to her party?

(16) では、coming も going も可能で、話し手がメアリーのパーティーに行き、そこにいる間に聞き手もそこに到達することを促す場合は coming が、そうでない場合は going が用いられます。すると、もうお分かりでしょう。前者の場合は、メアリーのパーティーが話し手のホームベースになるので coming が用いられ、後者だと、話し手のホームベースではないので going が用いられます。よって、この事実も (13) のホームベース制約で説明できます。

これに対し (17a, b) では、coming は不適格で、going のみが

適格です。ここでは、drop in が「(ある場所に)ちょっと立ち寄る」という意味なので、話し手はメアリーのパーティーにずっと出席しているわけではありません。つまり、話し手がパーティーにいるのはわずかな時間で、聞き手とそのパーティーで会おうというような取り決めはまったくしていません。したがって、聞き手のパーティー到達時に(発話時にはもちろん)、話し手がパーティーにいるとは言えないので、そのパーティーは話し手のホームベースとはなり得ず、going が用いられます。

これまでの説明で、話し手や聞き手が、問題となる場所に、発話時あるいは移動者の到達時にいるかどうかが、ホームベース性を決める重要な要因であることがご理解いただけたことと思います。この点は、次の例で coming, come ではなく、going, go が用いられる事実にも関与しています。

(18) a. I hear you go to Forest Gym every other day to work out. I'm thinking of {***coming** / **going**} there too as soon as I finish my thesis.

「あなたは運動をしに、一日おきにフォレスト・ジムに通っているそうですね。私も論文が終わったらそこに行こうと思っています。」

b. I'm going to the Metropolitan Museum tomorrow because it's admission free on Sundays. Maybe you should {***come** / **go**} there tomorrow, too.

(18a) のフォレスト・ジムは、聞き手のホームベースにはなり得ません。なぜなら、聞き手はそこへ運動をしに一日おきに行っており、話し手がこれからそこへ行くのも、聞き手に会うためではなく、運動をしに行くためだからです。つまり、話し手のこの文

の発話時にもジム到達時にも、聞き手がそこにいる保証はまったくありません。よって、そのジムは聞き手のホームベースではないので、going が用いられます。(18b) も同様です。話し手は明日、メトロポリタン・ミュージアムに行き、聞き手にもそうするよう勧めていますが、二人が行く時間帯は異なるでしょうから、聞き手のミュージアム到達時に話し手がそこにいる保証はありません。よって、ミュージアムは、話し手のホームベースではないので、go が用いられます（cf. (6)）。

　他方、この文の話し手が、come を使って次のように言えば、ミュージアムで聞き手に会いたいという気持ちを表わしていることになります。

(19)　I'm going to the Metropolitan Museum tomorrow because it's admission free on Sundays. Maybe you could {**come** / ***go**} to the museum tomorrow, too, and we could look at some paintings together.

話し手は、come を使って、聞き手のミュージアム到達時にそこが話し手のホームベースであること、つまり、ミュージアムにいることを伝えているわけです。

　ここで、本節の (14a, b)–(19) のような例を見て、「ホームベース性」を決める要因は、話し手や聞き手が、問題となる場所に発話時あるいは移動者の到達時にいるかどうかよりも、話し手や聞き手が、問題となる場所で移動者の到達時に<u>移動者と会うかどうか</u>、であると思われる方がおられるかもしれませんので、一言言及しておきます。話し手や聞き手が移動者と会うかどうかは、問題となる場所に話し手や聞き手がいることに伴って生じる随伴現象であり、ホームベースを決定づける絶対的条件ではまったくあ

りません。その証拠に、前章の (5) (= 東京在住の話し手がボストンの友人にオバマ米大統領の広島訪問を述べた文) では、オバマ大統領が広島を訪れた際に、話し手は東京在住なので、オバマ大統領に会うことはありませんし、本章の (4) (= ボストン在住の話し手が、日本からボストンの会議に出席する友人に、当日はメインにいることを伝える文) では、話し手は当然、聞き手の友人に会いませんが、これらの文で came, coming が用いられます。したがって、ある人のホームベースを決定づけるのは、これまで述べてきたように、「その人が、移動者の移動前に、または移動者の到達時に、いる所」となります。

以上で、(13) の「Come と go の使用に課されるホームベース制約」が、多くの例を説明することができ、come と go の使用に関して、「ホームベース」という概念が極めて重要な役割を果たしていることがご理解いただけたことと思います。それでは、前章で述べた話し手の「視点」は、come と go の使用や (13) の制約とどのように関わっているのでしょうか。この点を次章で考察したいと思います。

Come と Go はどのように使われるか？(3)
－視点制約はホームベース制約にどう関わるか－

● 同じホームベースへの移動なのに
　　どうして適格性が違う？

　私たちは前章と前々章で、come の到達点を「話し手」、あるいは「聞き手」とする従来の分析が不十分であり、これらの概念を「話し手のホームベース」、「聞き手のホームベース」に置き換える必要があることを説明し、次のふたつの場合（前章の (2a, b)）には come が用いられることを示しました。

(1) 　a. 聞き手・第三者の移動　　b. 話し手・第三者の移動

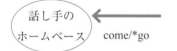
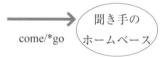

つまり、ホームベースへの移動であれば、それが話し手のホームベースであれ、聞き手のホームベースであれ、come が用いられると考えてきました。

　この考えは、(1a) の「話し手のホームベースへの移動」では、次の例から分かるように、まったく問題がありません。

(2) 　　[話し手のホームベースへの移動]

　　a. My family and I are planning to make a trip to New York this summer. Will you {**come** / *go} to the city while we are there?

b. [話し手は東京在住。聞き手と Gary(および話し手)は友人どうしで、二人はボストン在住]

My family and I are planning to make a trip to New York this summer. Gary says that he is {**coming** / ***going**} to the city while we are there. (He and we are thinking of visiting some of the tourist places together.)

[この文の適格性は、括弧内の表現の有無にかかわらず同じ]

(2a)は、<u>聞き手が話し手のホームベースに移動する場合</u>、(2b)は、<u>第三者が話し手のホームベースに移動する場合</u>で、ともに come, coming が適格で、go, going が不適格なので、(1a) の予測通りです。

それでは、(1b) の「聞き手のホームベースへの移動」はどうでしょうか。次の例でも、(2a, b) と同様に come が用いられるので、一見したところ問題はないかのように思えます。

(3) [聞き手のホームベースへの移動]

a. I hear you are visiting New York this summer. How about I {**come** / ***go**} to the city while you're there so we can visit

some of the tourist places together?
- b. [話し手とその息子 Mike はボストン在住で、Mike はボストンの会社に勤務。話し手の兄（Mike の伯父）はニューヨーク在住。話し手が兄に電話で]

  As I told you over the phone, Mike is visiting New York on business next week. He wants to {**come** / ***go**} to see you and your family when he's through with business. He would like to talk to you about his work. (= 前々章の (6a))

(3a) は、話し手が聞き手のホームベースに移動する場合、(3b) は、第三者が聞き手のホームベースに移動する場合で、これらの例では come が用いられ、go は不適格なので、(1b) の予測通りです。

しかし、次の例を見てください。

(4) [聞き手のホームベースへの移動]
- a. I hear you are visiting New York this summer. I would also like to {?/??**come** / **go**} to the city while you are there.
- b. [話し手とその息子 Mike はボストン在住で、Mike はボストンの会社に勤務。話し手の兄（Mike の伯父）はニューヨーク在住。話し手が兄に電話で]

  As I told you over the phone, Mike is {??**coming** / **going**} to New York next week to meet with a client, but he'll stay there only for one day, and won't be able to visit you. (= 前々章の (6b))

(4a, b) はそれぞれ、話し手が聞き手のホームベースに移動する場合と、第三者が聞き手のホームベースに移動する場合ですが、これらの例では、(3a, b) とは異なり、go, going が用いられて、

come, coming が不適格となり、(1b) の予測とは逆になっています。これはどうしてでしょうか。(1b) は間違いなのでしょうか。

答えを提示する前に、(1b) の予測では使えないはずの go が使える文を、もうふたつ例示しておきましょう。

(5) [聞き手のホームベースへの移動]
  a. [話し手はボストン在住。一方、聞き手の圭子は東京在住]
    Keiko, I'm {**coming** / **going**} to Tokyo to attend a conference next week. Can I see you and your family then?
  b. [東京在住の話し手が、ボストン在住の友人に自分の息子（宏）がボストンへ旅行するので次の連絡をする]
    Thank you very much for telling me that you would like to host Hiroshi when he visits Boston. He is looking forward to seeing you and your family soon. He is {**coming** / **going**} to Boston next month. I will let you know more in detail soon. (＝前々章の (14))

(5a)は、話し手が聞き手のホームベースに移動する場合、(5b)は、第三者が聞き手のホームベースに移動する場合ですが、これらの例では、coming も going もともに適格です。Coming が適格なのは、(1b) により説明できますが、going が適格だというのは、(1b) の予測とは矛盾しています。これらは一体、どのように説明すればいいのでしょうか。

● **「視点制約」**

すでにお気づきの読者も多いと思います。(1a) の聞き手・第

三者が話し手のホームベースに移動する場合、話し手は常に自分の視点をとり、その移動を come を用いて表現します。言い換えれば、「聞き手・第三者が話し手のホームベースに移動する場合は come を用いる」というのは、オールマイティーな規則で、話し手は、自分のホームベースへの他人の移動を常に come を用いて表現するということになります。そしてこの点は、日本語でも「来る」を用いて表現するため、共通しています。

一方、(1b) の話し手・第三者が聞き手のホームベースに移動する場合は、話し手は通常、英語では聞き手の視点をとって come が用いられますが、常にそうとは限りません。上の (4a, b) では go が適格で、(5a, b) では go も適格なのは、話し手が聞き手寄りの視点ではなく、自らの視点や第三者寄りの視点をとっているからです。

以上から、次の視点制約を立てることができます。

(6) **Come と go の使用に課される視点制約**:
    a. 話し手は、聞き手・第三者が自分のホームベースに移動する場合、常に自分の視点をとり、その移動にcome を用いる。[オールマイティー規則]
    b. 話し手は、自分・第三者が聞き手のホームベースに移動する場合、聞き手の視点をとれば come , さもなくば go を用いる。

それでは、話し手の (6b) での視点のとり方の違いは、どこで分かるのでしょうか。(3a) と (4a)（以下に再録）をまず比べてみましょう。

(7) ［聞き手のホームベースへの移動］

a. I hear you are visiting New York this summer. How about I {**come** / ***go**} to the city while you're there so we can visit some of the tourist places together? (=3a)

b. I hear you are visiting New York this summer. I would also like to {?/??**come** / **go**} to the city while you are there. (=4a)

（7a）では、話し手が、聞き手がニューヨークにこの夏行っているときに会い、一緒に観光スポットを旅行するのはどうだろうかと持ちかけており、聞き手が話し手とインターアクトすることを期待しています。よって、話し手は聞き手の視点をとっているので、come が用いられます。一方（7b）では、話し手と聞き手がこの夏ニューヨークに行くというだけで、話し手は聞き手に自分とインターアクトすることを何も期待していません。つまり、自分がニューヨークに行くという事実のみを述べているので、自分の視点をとっていると考えられます。そのため、go を使う方が自然であると判断されます。

　（3b）と（4b）の違いについても、同様のことが言えます。この点はすでに前々章の（6a）と（6b）で説明しました。すなわち、（3b）では、聞き手の兄は、マイクがニューヨークを訪れた際に、マイクと会ってインターアクトすることになるわけですから、話し手は、聞き手の兄に視点を寄せていると解釈されます。よって、come が用いられます。一方（4b）では、話し手は、息子マイクの来週の予定や状況を一方的に述べ、聞き手のことについては何も述べていません。つまり、話し手は息子のマイク寄りの視点からこの文を述べているので、going が使われます。

　それでは、（5a, b）ではどうして coming も going も使われるの

でしょうか。それは、(5a) では、話し手が東京の会議に出席する際に、<u>圭子が会ってくれることを期待する</u>ということに焦点を当てれば、話し手は聞き手（圭子）寄りの視点をとるので、coming を用い、話し手が東京の会議に出席するという、<u>自分の予定</u>に焦点を当てれば、自らの視点をとるので、going を用います。また (5b) では、すでに前々章の (14) で説明したように、話し手が、<u>息子の宏が聞き手やその家族に会ってもらいにボストンへ行く</u>という点に焦点を置けば、つまり、聞き手寄りの視点をとれば、coming が用いられ、逆に、<u>息子がボストンへ旅行する</u>という点に焦点を置けば、つまり、息子寄りの視点をとれば、going が用いられます。

　以上の考察をもとに、前章で提出した「ホームベース制約」（以下に (8) として再録）と本章で提出した「視点制約」（以下に再録）を比べてみましょう。

(8) **Come と go の使用に課されるホームベース制約**：
（発話時あるいは移動者の到達時に（過去の移動行為を述べる場合は「移動者の到達時に」））移動者の移動行為の到達点が、話し手・聞き手・話題の中心人物（別の第三者）のホームベースであれば come, さもなくば go を用いる。

(6) **Come と go の使用に課される視点制約**：
a. 話し手は、聞き手・第三者が自分のホームベースに移動する場合、常に自分の視点をとり、その移動に come を用いる。［オールマイティー規則］
b. 話し手は、自分・第三者が聞き手のホームベースに移動する場合、聞き手の視点をとれば come, さもなくば go を用いる。

みなさんはもうお気づきのことでしょう。Come と go の使用は、(8) の「ホームベース制約」と (6) の「視点制約」の両方を受けるものの、両者が異なる予測をするとき、つまり、「話し手・第三者が聞き手のホームベースに移動する場合」は、「視点制約」の予測が優先するということになります。

以上から、次の制約が導き出されます。

(9) **Come と go の使用制約**：Come と go は、「ホームベース制約」と「視点制約」を受ける。ただし、両制約が異なる予測をする場合は、「視点制約」の予測が優先される。

ここで、(9) をあえて記述的な形で規定すれば、次のようになります。

(10) **Come と go の使用制約**：
 a. （発話時あるいは移動者の到達時に（過去の移動行為を述べる場合は「移動者の到達時に」））移動者の移動行為の到達点が、話し手・別の第三者（話題の中心人物）のホームベースであれば come, さもなくば go を用いる。
 b. 発話時あるいは移動者の到達時に（過去の移動行為を述べる場合は「移動者の到達時に」））移動者の移動行為の到達点が、聞き手のホームベースであり、かつ話し手が聞き手の視点をとれば come, さもなくば go を用いる。

● 疑問文では話し手が聞き手の視点をとる

上で、話し手・第三者が聞き手のホームベースに移動する際、その移動に伴って、話し手・第三者が聞き手とのインターアクションを行なうことになれば、話し手は聞き手の視点をとりやすいことを示しました。しかし、疑問文では、このようなインターアクションの有無にかかわらず、話し手が聞き手の視点をとり、come が用いられます。次の例を見てみましょう。

(11) [話し手とその息子 Mike はボストン在住で、Mike はボストンの会社に勤務。話し手の兄（Mike の伯父）はニューヨーク在住。話し手が兄に電話で]
Mike is driving to New York this Thursday to attend a conference. On his way back, can he {**come** / *go} to your house just to pick up a raincoat that he left at your place when he stayed with you last month?

ここでは、マイクと彼の伯父（聞き手）とのインターアクションはほとんどなく、文全体の焦点が、マイクのニューヨーク往復旅行にあると考えてよいように思われますが、それでも go を使うことができず、come が使われます。

それでは、どうして疑問文だと話し手は聞き手の視点をとるのでしょうか。それは、話し手は聞き手に質問をすることによって、聞き手からその質問の回答をもらうことを意図しています。したがって、聞き手の立場に立って、聞き手の視点から事態を描写するからです（【付記】参照）。

● さらなる例文の説明

まず次の文を見てみましょう。

(12) a. I hear you are going to be at Mary's birthday party this weekend. I'm also {?/??**coming** / **going**} to the party. See you soon.
   b. If you're heading to Mary's birthday party now, <u>we can talk about this there</u> because I'm {**coming** / **going**}, too.

(12a) では、聞き手が今週末にメアリーのバースデーパーティーに出席し、話し手もまたそのパーティーに出るつもりであると述べています。つまり、話し手が聞き手のホームベースに移動することになりますが、going が用いられ、coming は不自然、不適格です。その理由は、話し手は、聞き手に "See you soon." と言ってはいるものの、単に自分もメアリーのパーティーに行くという予定を述べているだけで、自分自身の視点からこの移動を述べていると考えられます((7b) (=4a) も参照)。よって、going が用いられます。一方 (12b) では、聞き手が現在メアリーのバースデーパーティーに向かっており、話し手が自分もそのパーティーに行くので、そこで今話している事柄について話ができると述べています。そのため、「私も行きます」は、話し手が自分の視点から (12a) のように自分の予定を述べているとも、聞き手とパーティーで話すことに焦点を当て、聞き手の視点からパーティーに出席することを述べているとも解釈できます。よって、coming と going の両方が可能ということになります。

話し手の視点という観点から、さらに次の2文を比べてみましょう。

(13) a. I never expected when I {**came** / **went**} to your birthday party last weekend that I would see Ralph after thirty years!

「私は先週末、あなたの誕生会に{行った／*来た}とき、30年ぶりにラルフに会うなんて思いもしませんでした。」

b. I'll never forget that when I {**came** / **went**} to your birthday party last weekend, you hugged me and kissed my cheek five times.

「私は先週末、あなたの誕生会に{行った／*来た}とき、あなたが私を抱きしめて、頬に5回もキスしたことを決して忘れないでしょう。」

(13a, b)では、cameとwentがともに適格ですが、(13a)と(13b)で、どちらがより好まれ、多く用いられるかという点に関して違いがあります。(13a)では、cameを使う母語話者とwentを使う母語話者が、ほぼ半分ずつですが、(13b)だと、cameを使うという母語話者や、cameでも問題ないという母語話者が多くなります。これはどうしてでしょうか。

それは、(13b)では(13a)より、話し手が聞き手の視点をとっているという解釈が強くなるためだと考えられます。(13a)では、話し手が聞き手のパーティーに行ったものの、聞き手とのインターアクションについては何も述べず、そのパーティーで30年ぶりにラルフに思いがけず会ったことに焦点を当てています。それに対し(13b)では、話し手が聞き手のパーティーに行った際に、聞き手が嬉しくて話し手を抱きしめ、5回も頬にキスしたと述べていますから、話し手はこの移動を聞き手の視点から述べていると解釈しやすくなります。この違いのために、(13a)と(13b)で、cameとwentのどちらがより多く用いられるかという違いが生じ

ると考えられます。

● 結び

　以上、私たちは3つの章にわたって、come と go の使用を考察しました。そして、come と go の使用には、「ホームベース」と「視点」というふたつの概念が重要な役割を果たしていることを示し、次のふたつの制約を提案しました。

(8) **Come と go の使用に課されるホームベース制約**：
　　（発話時あるいは移動者の到達時に（過去の移動行為を述べる場合は「移動者の到達時に」））移動者の移動行為の到達点が、話し手・聞き手・話題の中心人物（別の第三者）のホームベースであれば come, さもなくば go を用いる。

(6) **Come と go の使用に課される視点制約**：
　　a. 話し手は、聞き手・第三者が自分のホームベースに移動する場合、常に自分の視点をとり、その移動に come を用いる。[オールマイティー規則]
　　b. 話し手は、自分・第三者が聞き手のホームベースに移動する場合、聞き手の視点をとれば come, さもなくば go を用いる。

　そして、これらふたつの制約を統合し、次の「Come と go の使用制約」を提示しました。

(9) **Come と go の使用制約**：Come と go は、「ホームベース制約」と「視点制約」を受ける。ただし、両制約が異な

る予測をする場合は、「視点制約」の予測が優先される。

　前々章の冒頭で述べたように、これまでは、

(ⅰ) 話し手がいる（いた／いることになる）所へ聞き手や第三者が移動したり、
(ⅱ) 聞き手がいる（いた／いることになる）所へ話し手や第三者が移動する場合

にcomeを用い、それ以外の所への移動にはgoを用いると考えられてきました。そのため、日本語では(ⅱ)の場合に「行く」を用いるので、私たち日本人は、この(ⅱ)の場合のみ気をつければ、後は「行く = go」、「来る = come」と考えて問題がなく、comeとgoの使用はいたって簡単だと思われていたかもしれません。

　しかし、本章までの3章をお読みいただき、英語のcomeとgoの使用は、それほど簡単ではなく、(9)の制約がcomeとgoの使用を決定づけていることがお分かりいただけたことと思います。これら3つの章で考察した英語の例文を日本語に直してみて、comeとgoに対して「行く」と「来る」のどちらが用いられるかを考えてみると、日本語の「行く」と「来る」の違いに関しても、面白い発見につながるかもしれません。なお、「行く」と「来る」の使用に関しては、久野（1978: 253-266（第2章第12節））を参照ください。

コラム④

Would you like to {come / go} with me? はどちらを使う？

　私たちは前章までの3章で、come と go の使用について考察しましたが、話し手が聞き手と（あるいは聞き手が話し手と）一緒にある目的地へ移動する場合については議論しませんでした。このコラムでは、この場合、つまり表題にあるような文について考えてみたいと思います。

　Swan（2005: 110）は、このような場合は come が用いられるとして、次のように述べています。

(1) 　*Come* (*with*) can be used to talk about joining a movement of the speaker's/ hearer's, even if *go* is used for the movement itself.
　　「話し手と聞き手が一緒に移動するのを話すには、（次の談話連続の第1文が示すように）その移動自体には go が用いられるとしても、come (with) が用いられる。」
　　　We're **going** to the cinema tonight. Would you like to **come** with us?

　この点は、『ジーニアス英和辞典』（第5版、2014）では、come に「[話し手と]（一緒に）来る、行く」という訳語が示され、(1)と同じ例文があげられています。また『フェイバリット英和辞典』（第3版、2005）でも、come に「（相手と同方

向へ）行く」という訳語が示され、次の (2a) の例文があがっています。さらに文法書の『［要点明解］アルファ英文法』(2010: 375-376) は、「come は話し手が聞き手に近づくとき、または聞き手と一緒に行動するときに使う」と述べ、(2b) の例文をあげています。

(2) a. I've got two movie tickets. Won't you **come** with me?
b. I'll **come** with you as far as the station.

以上のような記述を見ると、話し手と聞き手の一緒の移動には come のみ用いられ、go は使えないと思われるかもしれません。しかし、実際には go も可能で、たとえば次の文では、come だけでなく、go もまったく適格です。

(3) a. Do you want to {**come** / **go**} to the concert with me?
b. I'll {**come** / **go**} with you as far as the station. (cf. 2b)

ただ、come と go で意味合いが違っています。たとえば (3a) では、come を使うと、聞き手に対してより温かで、聞き手がコンサートに一緒に行くことを話し手が歓迎している意味合いがあります。つまり、「一緒に」(being together) という点を強調し、話し手が、聞き手と一緒にコンサートに行くことを望み、一緒に行きたいという気持ちをより強く表わしています。このように、come の使用は、話し手と聞き手が当該の移動をお互いにとって「親密 (intimate) な」ものと捉えている

ことになります。一方、(3a) で go を用いると、聞き手が（話し手と一緒に）<u>コンサートに行く行為そのもの</u>を強調し、感情を抑えた単なる質問（e.g. Do you want to **go** to the concert with me or stay home and study?）という感じで、come と比べると多少冷たく、よそよそしい (distant) 響きを伴います。(3b) についても同様のことが言えます。

Come が話し手と聞き手の「親密さ」(intimacy) を表わし、逆に go は、話し手と聞き手との「隔たり／よそよそしさ」(distance) を表わすと言うと、疑問を持たれる読者がおられるかもしれません。なぜなら、たとえば、警官が不審な行動をしている男を見つけて、(4a) のように come を用いることに何の問題もなく、むしろ (4b) のように go を用いることができないからです。

(4) a. **Come** with me.
　　b.***Go** with me.（警官が不審な男に）

警官と不審な男は、親密な関係ではまったくないので、どうして come が使われ、go が使えないのかという疑問が生じます。しかし、(4a, b) の<u>適格性の違い</u>は、不審な男が警官と一緒に行く目的地（到達点）に原因があります。(4a, b) では、それが明示されていませんが、移動の到達点は、たとえば警官が近くに止めているパトカーか、あるいは警察署などで、これらは<u>警官（話し手）のホームベース</u>です。したがって (4a, b) では、前章までで詳述したように、話し手のホームベースへの移動には come が用いられ、go は不適格となります。そして、このコラムで問題にしているのは、come と go がともに適格な場合で、それにもかかわらず、両者にどのような意味合いの違い

があるかという点です。

　さて、come が「親密さ」を表わし、go は「隔たり／よそよそしさ」を表わすというのは、話し手が聞き手に対する（あるいは聞き手が話し手に対する）感情だけの問題ではなく、移動がいつ起こるかという「時間的距離」についても言えると考えられます。次の2文を見てください。

(5) a. Can I **come** with you?
　　b. Can I **go** with you?

私たちのネイティヴスピーカー・コンサルタントたちによれば、これは絶対的で厳格なルールではないものの、come を使った(5a)は、話し手がすぐに（あるいは間もなく）聞き手とたとえばレストランやモールに行こうとしている際に使われやすいのに対し、go を使った(5b)は、話し手が1ヶ月後ぐらいに聞き手と旅行に行こうとしている際に使われやすいとのことです。つまり、移動時が発話時に近ければ近いほど、その移動行為は話し手と聞き手にとって「親密度」(degree of intimacy)の高い行為として捉えられ、come が使われやすくなると言えます。

　　＊　　＊　　＊　　＊　　＊　　＊　　＊

　上で指摘した come と go の親密度の違いは、話し手と聞き手が一緒に移動しない場合にも見られることがあるので、その点をここで簡単に取り上げたいと思います。私たちは第7章で次の例を観察し、この文の聞き手がアメリカではなく、たとえば日本にいて、そこからボストンの会議に参加するのであれば、話し手がボストン、メインのどちらにいようが、両方ともアメリカ内なので、話し手のホームベースとなるために

come が用いられることを述べました。

(6) I'm now in Maine, spending the summer at my place in Bar Harbor. If you want to {**come** / **go**} to my Cambridge house and stay there during your conference in Boston, I'll get in touch with my sister and let her know that you'll be coming to stay there. (＝第7章の (7))

ここで興味深いことに、(6) の話し手が go を用いると、不適格とは言えないものの、聞き手が話し手の自宅に来ることを、話し手が歓迎していないような、聞き手に対して冷たい態度を表わす不自然な表現となります。そしてこの点は、(3a, b) のように、話し手と聞き手が一緒に移動する場合に見られる親密さの違いと同様のものです。

次に、(5a, b) で指摘した「時間的距離」と「親密度」に関連して、次の例を見てみましょう。

(7) a. If John {**comes** / **goes**} to see you <u>in the near future</u>, please tell him to contact me <u>when he has time</u>.
   b. If John {**comes** / *****goes**} to see you <u>tomorrow</u>, please tell him to call me <u>immediately</u>.
(8) a. I know this is crazy since it isn't even <u>Labor Day</u> yet, but if John {**comes** / **goes**} to your <u>Thanksgiving dinner</u>, could you please give him one of the photos of three of us in Harvard Square?

[Labor Day（労働祭）は9月の第1月曜日、Thanksgiving（感謝祭）は11月の第4木曜日]

b. If John {**comes** / ***goes**} to your party <u>this evening</u>, don't forget to give him a copy of the agenda of <u>tomorrow's meeting</u>.

(7a) と (7b) の違いは、

(i) 移動時が発話時とどれくらい離れているか、そして
(ii) その移動に伴って、話し手が聞き手に依頼している事柄が、どれほど緊急性（immediacy/urgency）を必要とする事柄であるか、

という点です。(7a) で話し手は、「ジョンが<u>近い将来</u>、あなたに会いに来たら、<u>彼の時間のあるとき</u>に私に連絡するよう言ってくれ」と頼んでいるので、ジョンの移動はかなり先のことでしょうし、依頼もそれほど緊急性がありません。一方(7b)では、話し手は、「ジョンが<u>明日</u>あなたに会いに来たら、<u>直ちに</u>私に電話をするよう言ってくれ」と頼んでいるので、ジョンの移動は発話時に近く、依頼も緊急性を必要としています。同様の違いが、(8a) と (8b) にも見られます。

さて、(7a) と (7b) で、comes と goes の選択に違いが生じます。(7a) では、comes も goes も適格で、comes を好むという人もいれば、goes を好むという人もいます。一方 (7b) では、断然 comes が用いられ、goes は不適格と判断されます。(8a, b) でも同様です。(8a) では、goes が好まれるのに対し、(8b) では comes が用いられ、goes は不適格です。つまり、(5a, b) で指摘したように、移動時が発話時

に近ければ近いほど、その移動行為は話し手と聞き手にとって親密度の高い行為として捉えられ、come が使われやすくなると言えます。

この点を（7a, b）との関連で言い換えれば、<u>緊急性の高い事象</u>に関連する移動であればあるほど、come が用いられやすくなると言えるように思われます。そしてそれは、当該事象に関わる関係者どうしの相互作用の密接さ（closeness of mutual interaction）に関して、相互作用が密接であればあるほど、come が用いられやすくなると言い換えられるかもしれません。なぜなら（7b）で、話し手が聞き手に、ジョンに直ちに話し手に電話をするよう言ってくれと頼む方が、（7a）で、話し手が聞き手に、ジョンに時間のあるときに話し手に連絡するよう言ってくれと頼むより、話し手と聞き手の相互作用が密接だと言えるからです。同じことは、（8a）と（8b）についても言えると思われます。

ただ、現在の段階では、（7a, b）,（8a, b）のような例で come と go の使用に違いが見られ、両者の使用には、前章までで考察した制約に加え、「親密度」、「緊急性」、あるいは「関係者どうしの相互作用の密接さ」というような概念も関与しているのではないかという示唆に留まります。これらの概念が、「ホームベース」や「視点」とどのように関わり合い、どのような役割を果たしているかは、今後の研究を待たなければなりません。

命令文にはどんな動詞句が現われるか？

● 同じ命令文なのになぜ適格性が違う？

命令文は（1a-c）のように、話し手が聞き手に何かをするよう指示、依頼、提案、アドバイス等を与える文型で、聞き手の You が一般に省略されて、動詞の原形が用いられます（【付記1】参照）。

(1) a. Pass me the salt, please.
　　b. Tell me the date when you go to Australia.
　　c. Brush your teeth after every meal.

ただ、このような命令文が常に適格というわけではなく、次の命令文は不適格です。

(2) a. *Know the answer.
　　b. *Love this fruit.
　　c. *Have a large amount of money.

それでは、know, love, have のような動詞は命令文には用いられないかというと、これらの動詞が用いられた次の命令文は、何の問題もない適格文です。

(3) a. **Know** that I will always be there for you.

b. **Love** me tender, **love** me sweet.("Love Me Tender"の歌の一節)

  c. **Have** enough money to bribe officials at the border.

(2a-c)が不適格なのに、(3a-c)はどうして適格なのでしょうか。さらに次の対比をご覧ください。

(4) a. *Fall off the cliff.
「*がけから落ちなさい。」
  b. *Trip on holes or bricks.
「*穴やレンガにつまずきなさい。」
(5) a. Don't fall off the cliff.
「がけから落ちないように。」
  b. Don't trip on holes or bricks.
「穴やレンガにつまずかないように。」

(4a, b)は不適格ですが、それを否定命令文にした(5a, b)は、何の問題もない適格文です。そしてこの点は、日本語訳でも分かるように、日本語の命令文にも当てはまります。どうしてこのような違いが生じるのでしょうか。

本章では、上記のような問題を考え、どのような条件が満たされれば適格な命令文となるのかを明らかにします。そして、通常の命令文だけでなく、受身形や完了形、進行形の命令文についても考えてみたいと思います。

● 「自己制御可能な」(self-controllable) 動詞句

命令文が適格となるのは、その動詞句全体が、「自己制御可能

な」(self-controllable) 事象を表わす場合です。命令文は、話し手が聞き手に「〜しなさい」と言ったり頼んだりするものなので、聞き手はそのようにする「行為者」(動作主)であり、そのようにする事柄は、聞き手が自らの意志で、意図的に自分でコントロールできるものでなければなりません。自分で意図的にコントロールできない事象は、「〜しなさい」と言われてもできませんから、命令の対象とはならないわけです(【付記2】参照)。

この点を踏まえて次の対比をまず見てください。

(6) a.「自己制御可能」(+self-controllable)

　　　Be quiet.

　　　Be more careful.

　　　Don't be a chronic complainer.

　　　「口を開けば不平を言うのはやめなさい。」

　　b.「自己制御不可能」(−self-controllable)

　　　*Be bright.

　　　*Be tall.

　　　*Be left-handed.

人は自らの意志で静かにしたり、もっと注意深くなれます。一方、人は頭がよくなりたいとか、背が高くなりたいと思っても、自分ではそうすることができません。つまり、(6a) の事象は自己制御可能なので、これらの文は適格となり、(6b) の事象は自己制御不可能なので、これらの文は不適格です。

ここで強調しておきたいことは、(6a) と (6b) は、すべて be 動詞の命令文なので、命令文に課される制約は、be 動詞のみを問題にしても意味がなく、be 動詞の後の形容詞句や名詞句を含む [be + AP/NP]、つまり、<u>動詞句全体</u>を考慮しなければいけな

いという点です。

　上の説明から、(1a-c) の適格性と (2a-c) の不適格性（以下に再録）は自動的に説明できます。

(1) a. Pass me the salt, please.
　　b. Tell me the date when you go to Australia.
　　c. Brush your teeth after every meal.

(2) a. *Know the answer.
　　b. *Love this fruit.
　　c. *Have a large amount of money.

　(1a-c) の事象は、すべて自己制御可能で、聞き手が自らの意志で塩を話し手に手渡したり、オーストラリアに行く日を言ったり、歯を磨いたりできます。よって、これらの文は適格です。一方、(2a-c) の事象は、自らコントロールすることができません。答えを知りたいと思っても、分からなければどうしようもできませんし、あるものが好きになるかどうかは、自分の意志でコントロールできません。また、多額のお金を持ちたいと思っても、自分で自由にそうすることはできません。よって、(2a-c) は不適格です。

　一方、(3a-c)（以下に再録）を見てください。

(3) a. **Know** that I will always be there for you.
　　b. **Love** me tender, **love** me sweet.（"Love Me Tender" の歌の一節）
　　c. **Have** enough money to bribe officials at the border.

(3a) は聞き手に、「私はいつもあなたのためにそこにいる」とい

うことを知っておいてと述べており、これは聞き手が意識的にできる事柄です。(3b, c) でも、人を優しく（思いやりを持って）愛したり、密入国の目的で、国境で役人に賄賂を渡そうとお金を用意することができます。つまり、(3a-c) が表わす事象は自己制御可能なので、適格文となります。

以上から、命令文の適格性に関して次の制約を立てることができます。

(7) **命令文に課される意味的制約**：命令文は、その動詞句全体が「＋自己制御可能」な事象を表わす場合にのみ適格となる。

(2a-c) と (3a-c) でも、(6a, b) と同様に、ひとつの同じ動詞が命令文として適格な場合と不適格な場合があるので、命令文の適格性は、(7) の制約が示す通り、動詞句全体を考慮しなければならないことに留意してください。

(7) の制約を踏まえて、さらに次の文を見てみましょう。

(8) a. ***Have** a brother.
   b. **Have** a good time.
   c. **Have** another helping of dessert.
(9) a. ***Understand** French.
   b. **Understand** that I will not be there next month.

(8a) の have は、「〈家族・友人などを〉持っている、…がいる」という意味で、動詞句全体の *Have a brother. は、「* 兄弟を持て」ということになりますが、人は自分の意志で兄弟を持つことはできません。よって、この命令文は (7) の制約を満たさず、不適

格です。一方、(8b) の have は「〈時間などを〉過ごす」、(8c) の have は「…を食べる」という意味です。そして、これらの動詞句全体が表わす事象、つまり、楽しいひとときを過ごしたり、デザートを食べたりすることを、人は自らの意志でできます。よって、(8b, c) は (7) の制約を満たして適格です。同様に、(9a) の understand は「分かる、理解できる」という意味で、動詞句全体が表わすフランス語が理解できるという事象は、人がコントロールできる事象ではありません。よって、この命令文は不適格です。一方 (9b) の understand は、「気づく、心に留めておく」(be aware/cognizant of, keep in mind) という意味で、話し手が来月はそこにいないということに気づき、心に留めておくという、動詞句全体が表わす事象は、聞き手が自己制御可能な事象です。よって、この命令文は適格です。

さらに、本章冒頭で提示した (4a, b), (5a, b)（以下に再録）を見てください。

(4) a. *Fall off the cliff.
    b. *Trip on holes or bricks.
(5) a. Don't fall off the cliff.
    b. Don't trip on holes or bricks.

がけから落ちたり、穴やレンガにつまずいたりするのは、人の非意図的事象で、自己制御不可能なので、(4a, b) の命令文は、(7) の制約を満たさず、不適格です。一方、(5a, b) の否定命令文では、がけから落ちないように気をつけたり、穴やレンガにつまずかないようにするのは、人が自らの意志でできる事柄で、自己制御可能です。よって、これらの文は (7) の制約を満たして適格です。

同じことは、次の be 動詞命令文の対比についても言えます。

(10) a. *Be lonely.
  b. Don't be lonely.

人が寂しいと感じるのは、(4a, b) の事象と同様に、非意図的事象で、自ら制御できる事柄ではありません。よって (10a) は不適格です。一方、人は、たとえば友達と会ったり、どこかに出かけたり、好きなことをしたりして、寂しくならないように努めることができます。つまり、(10b) の否定命令文が表わす事象は、自己制御可能なので、この文は適格となります(【付記3】参照)。

● 受身形の命令文

命令文は、上で見たように、話し手が聞き手に「〜しなさい」と言ったり頼んだりするものなので、動詞は、たとえば Fire him!(彼を首にしなさい)のように能動形であり、次のような受身形の命令文は一般に不適格です。

(11) a. ***Be fired**!「*首にされなさい。」
  b. ***Be praised** by your teacher.
   「*あなたの先生に褒められなさい。」
  c. ***Be taken** to Disneyland some day.
   「*いつかディズニーランドへ連れて行かれなさい。」

(11a-c) が不適格なのは、首にされる、先生に褒められる、ディズニーランドへ連れて行ってもらうというような受動的行為を、聞き手が自らの意志ではコントロールできないからです。首にするのは社長や経営陣であり、褒めるのは先生であり、ディズニーランドへ連れて行ってくれるのは、たとえば親であり、聞き手は

そのような行為を「〜されなさい」と言われても、自らは何もすることができません。よって、(11a-c) の不適格性も、自己制御可能かどうかという、これまでの分析で説明することができます。

ただ、興味深いことに、受身形の命令文でも次のように適格なものもあります。

(12) a. **Be reassured** by what Robert told you.
「ロバートが言ったことで安心してください。」

b. **Be fitted** for the dress three months before the wedding.
「結婚式の3ヶ月前にそのドレスのために採寸をしてもらいなさい。」

c. **Be certified** before the end of the year.
「年末までに免許状を取るようにしなさい。」

(13) a. Don't **be fooled** by substitutes.
「(広告) 類似品にご注意」

b. Don't **be tricked** out of your money.
「お金をだまし取られないようにしなさい。」

c. Don't **be driven** crazy by mosquitoes this year.
「今年は蚊にいらいらしないようにしてください。」

どうして (12a-c)、(13a-c) は適格なのでしょうか。それは、これらの文の動詞句が受身形であっても、それが表わす事象は、聞き手が自己制御可能だからです。(12a-c) では、聞き手は、人が言ったことで安心することができ、ドレスの採寸をしてもらうこともでき、免許状を取るようにすることができます。(13a-c) は、否定の受身形命令文で、受身形命令文は、否定形の方が一般的です (Quirk et al. (1985: 827))、および (4a, b)、(5a, b)、(10a, b) を

参照)。それは、たとえば「*だまされろ」とは言えないのに対し、「だまされるな」と言えることからも分かるように、人は自らの意志で、「～されないように」注意することができ、そうすることは自己制御可能だからです。この理由のために、(13a-c) は適格です。

ここで、(11a-c) のような不適格な受身形命令文に関して、ふたつのことを指摘しておきます。ひとつは、(11a-c) のように、単独では不適格な受身形命令文が、次のような能動形命令文に続く文になると、適格になるという点です。

(14) a. Do all of your homework diligently and **be praised** by your teacher. (cf. 11b)
   b. Do the dishes after supper every day and **be taken** to Disneyland by your grateful parents. (cf. 11c)
   c. Never cease to learn and **be admired** by your students.
   「決して学ぶことをやめてはいけない。そうすれば学生たちに賞賛されるでしょう。」
   (cf. *Be admired by your students.)

(14a-c) は、(11a-c) と異なり、どうして適格なのでしょうか。それは、次の理由によります。たとえば (11b) のように、突然「*あなたの先生に褒められなさい」と聞き手が話し手に言われても、褒めるのは先生ですから、聞き手は何もできず、その事象を自ら引き起こすことができません。一方 (14a) だと、先生に褒められるよう、宿題を全部熱心にやりなさいと言われているので、これは聞き手が自らの意志でコントロールできる事象です。つまり、聞き手は自己制御可能な事象を行なうことによって、褒められるという事象を自ら引き起こすことができます。したがっ

て、命令文の動詞句は、聞き手が自らのコントロールで引き起こすことができると想定する動作、状態を表わさなければならない、と規定することができます。ところが、(11b) (=*Be praised by your teacher.) では、聞き手は自らのコントロールで、どのようにして先生に褒められるという事象を引き起こすことができるのか説明されていないので、この規定に合致せず不適格です。一方 (14a) では、その説明がなされており、この規定を満たして適格となります。(11c) (=*Be taken to Disneyland some day.) と (14b)、*Be admired by your students. と (14c) の対比についても同じことが言え、上記の規定により、これらの適格性の違いが説明できます。

指摘したいもうひとつの点は、(11a-c) の受身形命令文は、be 動詞が用いられた「be 受身文」(*be*-passive) ですが、be ではなく get を用いた「get 受身文」(*get*-passive) にすると適格になるという点です。

(15) a. **Get fired!** (cf. 11a)
 b. **Get admired** by your students and your teaching will be a lot easier.
 c. **Get taken** to Disneyland some day, you'll like it. (cf. 11c)

どうして (15a-c) は適格なのでしょうか。Be 受身文と get 受身文はどこが違っているのでしょうか。

両者の重要な違いのひとつは、be 受身文の主語は、当該事象を行なう「行為者」ではなく、その行為を受ける「被動作主」(「対象」) ですが、get 受身文の主語は、純粋な「行為者」ではないものの、当該事象を引き起こすよう自ら仕組んだり、手配をしたりしたと解釈され、行為者性がとても高いという点です。この点に

関して、たとえば次の2文を比べてみましょう（Givón（1993: 67）参照）。

(16) a. John **was** shot by Mary **deliberately**.
      → '**Mary** acted deliberately.'
   b. John **got** shot by Mary **deliberately**.
      → '**John** acted deliberately.'

(16a) の be 受身文では、deliberately（わざと／故意に）は by 句の Mary を修飾しており、メアリーがわざとジョンを撃っています。一方 (16b) の get 受身文では、deliberately は主語の John を修飾しており、ジョンを撃ったのはもちろんメアリーですが、ジョンはわざと撃たれるようにしたと解釈されます。つまり、主語の John は、自分が撃たれるという行為を自らの手で引き起こし、行為者性、意図性が強く示されています。そのため、このような get 受身文の主語は、「二次的行為者」（secondary agent）と呼ばれています。

これで、(15a-c) の get 受身文の命令文がなぜ適格か、お分かりいただけたでしょう。これらの命令文は、「首になるようにしなさい」、「学生たちに賞賛されるようにしなさい」、「いつかディズニーランドへ連れて行ってもらうようにしなさい」と述べており、これらの命令文の主語である聞き手は、そうすることが自己制御可能だからです。

● 進行形と完了形の命令文

以上で、命令文に用いられる動詞句は、「＋自己制御可能」（＋self-controllable）な事象を表わすものでなければならないことを

述べました。最後に、英語で進行形や完了形の命令文が用いられるかどうか、簡単に見ておきたいと思います。

英語の進行形は、継続的または断続的動作・出来事が一定の時間内で進行、連続していることを表わします（久野・高見 (2005)『謎解きの英文法—文の意味』（第1章）、(2013b)『謎解きの英文法—時の表現』（第6、7章）参照）。そのため、そのような動作や出来事を一定の時間内で聞き手に続けるように言ったり、要請したりすることは可能なので、次のような進行形の命令文は適格で、多くあります（(17a-e) は実例で、母語話者にも適格との確認を得たもの）。

(17) a. **Be listening** for your name.
   「あなたの名前が呼ばれるのを注意して聞いておいてください。」

   b. **Be watching** for updated auction information.
   「オークションの更新情報を待っていてください。」

   c. **Be looking out** for a package arriving around Thursday.
   「木曜日頃に届く小包に注意しておいてください。」

   d. Always **be thinking** of me, I will always be thinking of you.
   「いつも私のことを思っていてください。私もいつもあなたのことを思っています。」

   e. Please **be staying** healthy, even back to Spain.
   「どうか、ご健康をお保ちください、スペインにお戻りになってさえ。」

(18) a. **Be listening** to this station the same time tomorrow night.

   b. **Be doing** your homework when your parents arrive home.

   ((18a, b) は Quirk et al. (1985: 827) より)

Quirk et al.（1985: 827）は、（18a, b）の2例を提示し、進行形の命令文は「まれ」（rare）であると述べています。ただ、「まれ」をどの程度と考えるかにもよりますが、（17a-e）に示したような例は多く、私たちのネイティヴスピーカー・コンサルタントたちは、口をそろえて進行形の命令文は決してまれなどではないと答えました。

それでは、完了形の命令文はどうでしょうか。次のような完了形の命令文は、何ら文脈を伴わず、単独で用いられると不自然で不適格と判断されます。

(19) a. ?? **Have visited** Paris.
　　 b. ?? **Have finished** your homework.

これは当然のことで、命令文は、聞き手にある事象を未来において遂行することを要請するものですが、完了形は、ある事象が現在までに（つまり過去において）起こったことを表わすからです。この意味の不整合のために、（19a, b）のような単独の完了形命令文は不適格です。「パリに行ってみなさい」とか、「宿題を終えなさい」と言いたいのであれば、もちろん動詞の原形を用いて、Visit Paris., Finish your homework. となります。

ただ、英語には、未来の時点である事象が完了することを表わす、いわゆる「未来完了形」の用法があります。したがって、ある事象の遂行が未来においてなされることを明示する文脈を与えれば、母語話者によって判断が揺れたり、違ったりするものの、次のような完了形の命令文が可能となります（(21a-c)はインターネットからの実例です）。

(20) a.　George, **have finished** your homework before I come home.

OK?

「ジョージ、私が帰ってくるまでに宿題を仕上げておきなさい、いいね？」

b. Please, do **have submitted** this application <u>by Friday next week</u>.

「どうか、この申請書を来週の金曜日までに提出してください。」

c. Start the book and **have finished** it <u>before you go to bed</u>. (Quirk et al. 1985: 827)

「その本を読み始めて、寝るまでに読み終えなさい。」

(21) a. Please submit only one menu per trip. For each meal, please **have made** one choice for the entire group.

「ひとつの旅行につきメニューをひとつだけ提出してください。それぞれの食事に関して、グループ全体でひとつ選んでください。」

b. Please **have completed** the last enema <u>at least one and a half hours before your appointment</u>.

「予約の少なくとも１時間半前までに最後の浣腸をすませておいてください。」

c. <u>By 5pm on the deadline date</u>, please **have submitted** to MTI one original copy or electronic PDF.

「締め切り日の夕方５時までに MTI に原本ひとつか電子化した PDF を提出してください。」

これらの例では、下線部の副詞節や副詞句、あるいは文脈により、話し手が聞き手に当該の行為を未来において行ない、完了するよう要請していることが分かります。たとえば（20a）は、話し手が帰宅するまでに聞き手のジョージに宿題をやり終えておくよう

述べています。他の例もほぼ同様です。よって完了形の命令文が適格と判断されます。

ただ、(20a-c), (21a-c) のような完了形の命令文は、極めてまれな構文であり、たとえば (20a) だと、以下のように表現する方がはるかに一般的ですし、母語話者の中には、完了形の命令文を不適格だと判断する人もいます (Quirk et al. (1985: 827-828) も参照)。

(22) a. George, **have** your homework **finished** before I come home. OK?
b. George, **finish** your homework before I come home. OK?

(22a) は、have が助動詞ではなく本動詞で、「have + O〈物・事〉＋過去分詞」の形で、「〈人が〉O〈物・事〉を…してしまう」という完了の意味を表わす構文です。一方、(22b) は通例の命令文です。したがって私たち日本人は、あえて完了形の命令文の使用は避けて、(22b) のような通常の命令文を用いるか、(22a) のような、意味的には完了を表わすけれども、構文法的には完了形でない表現を使用する方が無難だと思われます。

● 結び

本章では、英語（および日本語）の命令文に現われる動詞句について考察し、命令文は、動詞句全体が「＋自己制御可能」(＋self-controllable) な事象を表わす場合にのみ適格となることを示しました。そしてこの点は、英語の受身形の命令文についても言え、自己制御可能かどうかに関して、be 受身文と get 受身文の間には興味深い違いがあることを示しました。また、自己制御可能

な事象が進行形の命令文として用いられる場合はかなり多くあるのに対し、そのような事象が完了形の命令文として用いられる場合（たとえば (20a)（以下に再録））はまれで、その場合は、(22a, b)（以下に再録）のような文型パターンの命令文の方がはるかに一般的であることも示しました。

(20) a. George, **have finished** your homework <u>before I come home</u>. OK?

(22) a. George, **have** your homework **finished** before I come home. OK?

    b. George, **finish** your homework before I come home. OK?

Tom promised Ann to do it. は母語話者誰もが適格と認める構文パターンか？

第10章

● 「Promise + O〈人〉+ to do」に関する従来の説明

「生成文法」と呼ばれる文法理論のテキストでは、洋書、和書を問わず、動詞の persuade と promise がとる次の構文パターンが示され、不定詞の意味上の主語が、主節の主語と目的語のどちらになるかが解説されてきました。

(1) a. John **persuaded** <u>Mary</u> to visit Paris.
　　b. <u>John</u> **promised** Mary to visit Paris.

(1a) では、ジョンがメアリーにパリを訪れるよう説得したため、to visit Paris の意味上の主語は主節の目的語 Mary ですが、(1b) では、ジョンがメアリーにパリを訪れると約束したため、to visit Paris の意味上の主語は主節の主語 John です。生成文法ではこのような違いから、persuade は「目的語コントロール動詞」、promise は「主語コントロール動詞」と呼ばれています。

Promise が persuade と共通して、(1) のような「O〈人〉+ to do」の構文パターンをとるというのは、定評のある Quirk et al. (1985) の文法書でも指摘されています。彼らは次の例をあげ、promise は、persuade, advise, ask, order, teach, tell, urge など多くの動詞とは異なり、不定詞の意味上の主語が、主節の目的語ではなく<u>主語</u>であるという点で、例外的であると述べています (p. 1216)。

(2) Sam **promised** me to get some food.
 = **Sam** promised me that **he** would get some food.
 ≠ Sam promised **me** that **I** would get some food.

　英和辞典や英英辞典でも、2000 年以前には、promise が「promise + O〈人〉+ to do」の構文パターンをとるとの記述が多くあり、たとえば Will you promise me never to mention it again? や I promised him to be on time. のような用例があがっていました。2000 年以降でも、たとえば『グランドセンチュリー英和辞典』(第 3 版、2010, 三省堂) や『フェイバリット英和辞典』(第 3 版、2009, 東京書籍)、『ユニコン英和辞典』(初版、2002, 文英堂) などではこのような記述があり、Jim promised me not to do it again., I promise you not to tell a lie., He promised me to come at five. のような用例があがっています。

●「Promise + O〈人〉+ to do」を認めない　母語話者もいる

　上記のような事実から、筆者の一人も 2000 年以前は、(1b) や (2) の構文パターンが英語の母語話者によって広く使用されているものと思っていました。しかし、1998 年にアメリカ、マサチューセッツ州に住む友人 (英語母語話者で言語学 Ph.D.) から、(1b) や (2) はそもそも不適格であり、その友人が自分の妹と知り合い 2 名 (一人は言語学 Ph.D.) にも尋ねたが、3 人とも不適格だと言っているとの指摘を受け、とても驚きました。そして、promise が不定詞節をとるのは、次の (3) のように、間接目的語の O〈人〉がない場合のみで、間接目的語を伴う場合は、不定詞節ではなく、(4) のように that 節でなければならないとのことで

した（なお、この点を 2015 年 7 月に同僚のイギリス人に尋ねてみましたが、まったく同じ意見でした）。

(3)　John promised to visit Paris.
(4)　John promised Mary that he would visit Paris.

　マサチューセッツ州の友人は、自分や周りの人たちが (1b) や (2) の構文パターンを容認しないのに、この構文パターンが *OED* (*Oxford English Dictionary*) にも記載されており、コーパスにも多くの実例があることを不思議に思ったそうです。そして彼女は、1998 年にインターネット上の Linguist List に、「私にとって (5) のような構文パターンは不適格 (unacceptable) で、私は (6) か (7) の構文パターンしか用いませんが、他の母語話者はどうでしょうか」という質問を掲示したと、知らせてくれました。

(5)　*I promised Kris to buy the cat food.
(6)　I promised to buy the cat food.
(7)　I promised Kris I'd buy the cat food.

　数日後、その友人は、アメリカ各地、イギリス、アイルランド、カナダ、オーストラリア、オランダ等に住む、言語学者を含む 84 名の母語話者から回答があったと知らせてくれ、それらの回答をすべて筆者に転送してくれました。それを調べてみると、(5) を不適格、非文法的 (ungrammatical)、容認不可能 (disallowed) 等、使用できないと答えた人が 52 名 (62%)、一方、まったく問題がない、適格、文法的等、使用できると答えた人が 32 名 (38%) でした。
　以下に、不適格と判断する人 5 名、適格と判断する人 3 名の意

見をあげます。

(8) 不適格と判断する人
   a. I'd rate it ungrammatical in my own speech, or at the very least as highly, highly questionable ... And I'm not even sure I've ever heard it, except in syntax books.
   b. I also cannot use *promise* in "I promised Kris to buy the cat food."
   c. I find the subject-control transitive use of *promise* odd.
   d. I definitely cannot say "I promised Kris to buy the cat food."
   e. The construction is unacceptable for me.

(9) 適格と判断する人
   a. Your sentence is fine; I use the structure all the time and never suspected it was impossible in any variant of the language.
   b. The sentence is fully acceptable, indeed routine, for me, and this use of *promise* is completely productive in my speech.
   c. Yes, your sentence sounds perfectly normal to me. It is something I would say without a second thought.

他の回答もほぼ同様で、適格、不適格に関してはっきりとした判断が示されていました。ただ、不適格と判断した52名の回答者のうち2人は、次の例のようにneverを用い、否定形にした場合に限り適格であると答えました。

(10) I promised him never to do it again.

この点は、辞書の用例の多くが、(10) のように否定形になって

いる点と通じており、興味深く思われます。さらに52名の回答者のうち2名によると、話し言葉で用いられると不自然だとは感じないが、自分自身は用いず、書き言葉では正用法だとは考えられないとのことです。

(5)の適格性判断に関して、地域差、あるいはイギリス英語とアメリカ英語の違いがあるかと思いましたが、それはありませんでした。同じ地域の出身であったり、同じ地方に住む人たちでも、あるいは、アメリカ英語の話者どうしでも適格性判断が分かれました。また、イギリス人8名から回答が寄せられましたが、5人が不適格、3人が適格と判断しました（84名の回答の報告は高見（1998）を参照）。

● 「Promise ＋ O〈人〉＋ to do」に関する近年の記述

次に、「promise ＋ O〈人〉＋ to do」の構文パターンに関して、近年はどのような記述がなされているかを見てみたいと思います。まず、鷹家・林（2004）は、103人のネイティヴスピーカーにこの構文パターンを使用するかどうか調査を行ない、その使用率が約4割（アメリカ人37％、イギリス人39％）であるとの報告をしています（この結果はお気づきのように、上で述べた84名の回答とズバリ一致しています）。そして、She promised Philip to go to London. のような文に関して、かなり多くの人が「ロンドンに出かけるのが誰なのか曖昧である」と回答し、この意味ではthat節を用いた She promised Philip (that) she'd go to London. の方が普通であると述べています。また、「promise ＋ O〈人〉＋ to do」の使用率に米英差や年齢差はなかったことも報告しています。そしてこのような事実から、英語学習者は、「…に…すると約束する」の意味では、that節の形を使うのが無難であり、不定

詞を使うこともできるが、約束する相手が me, you または文脈から明らかである場合は、それを省略して promise + to do の形になると覚えておくのがよい、と結んでいます。

次に、この構文パターンに関する『ジーニアス英和辞典』（大修館書店）の第4版（2006）から第5版（2014）への変更は興味深く、注目に値します。両者の該当する部分を以下に示します。

(11) 「(O〈人〉に)…すると約束する」

第4版（2006）	第5版（2014）
・SV (O) to do ・SV (O) that ［例文］ I promise (you) that I won't cry anymore. = I promise (you) not to cry anymore. もうこれ以上泣かないと約束するわ	・SV to do ・SV (O) that 節 ［例文］ I promise (you) that I won't cry anymore. = I promise not to cry anymore. もうこれ以上泣かないと約束するわ ［語法］ S promise O〈人〉to do の構文は、to do の意味上の主語が S になるという点で tell O to do などに比べて特殊。この構文自体を認めない人がいるので避けた方がよい： My husband promised me to see the doctor.《◆My husband promised to see ... ／My husband promised me that he'd see ... の方が普通》。

この記述から明らかなように、「(O〈人〉に) …すると約束する」は、第4版ではSV (O) to do パターンもあげられていましたが、第5版ではそれがなくなり、SV (O) that 節のみになっています。この点は I promise (you) that I won't cry anymore. の言い換え表現にも表われており、第4版では、この that 節表現が I promise (you) not to cry anymore. に書き換え可能とされていましたが、第5版では、間接目的語の you が除かれています。さらに第5版では [語法] 欄が設けられ、O〈人〉＋ to do 構文の使用は「認めない人がいるので避けた方がよい」と述べられています。

　さらに、『ウィズダム英和辞典』(第3版、2013, 三省堂) は、「promise ＋ O〈人〉＋ to do」を《非標準》とし、「tell ＋ O〈人〉＋ to do の型と違って O は to 不定詞の意味上の主語ではないことに注意」と記しています。また、『ユースプログレッシブ英和辞典』(初版、2004, 小学館) は、この構文パターンは《まれ》とし、『プログレッシブ英和中辞典』(第5版、2012, 小学館) とともに、promise がとる構文パターンとしては記載していません。

　ここで、『ウィズダム英和辞典』が「promise ＋ O〈人〉＋ to do」を《非標準》として記載しているのは、妥当ではないと考えられるので、一言述べておきます。Linguist List にアクセスするような人は、大部分が言語学者や言語に強い関心のある人で、教養のある標準語を話す人たちです。その38％の人が、この構文パターンをまったく問題のない適格文と判断しているのですから、それを《非標準》ということはできないと考えられます。母語話者たちの文法は、日本語でもそうですが、細部については一致していないことが珍しいことではありませんから、辞書の記述としては、もっと柔軟な態度が必要ではないかと思われます。

　英英辞典でも同様で、以前はこの構文パターンが用例にあがっていましたが (たとえば *Oxford Advanced Learner's Dictionary of*

Current English, 1974; *Longman Dictionary of Contemporary English*, 1978)、近年のものは、いずれもこの構文パターンを記載していません（*Longman Advanced American Dictionary*, 2000; *Collins CO-BUILD English Dictionary for Advanced Learners*, Third Edition 2001; *Macmillan English Dictionary for Advanced Learners of American English*, 2002; *Cambridge Advanced Learner's Dictionary*, Third Edition, 2008; *Longman Dictionary of Contemporary English for Advanced Learners*, Fifth Edition, 2009; *Oxford Advanced Learner's Dictionary*, New Eighth Edition, 2010）。

　英英辞典でこの構文パターンが、2000年以降記載されなくなったというのは、おそらく、大量の言語統計が使えるようになったために、頻度数という客観的尺度が、単語の用法エントリーの選択、非選択の判断において重要度を高めるようになり、頻度数の少ない構文パターンは記載されなくなってきたことによるのではないかと思われます。しかし、重要なことは、頻度数と母語話者の文法性、適格性判断とは、まったく別の概念であるという点です。したがって、頻度数が少なければ、その構文パターンが《非標準的》であるというわけではないということに注意する必要があります。

● **結び**

　以上のような状況を踏まえると、本章のタイトルの英文 Tom promised Ann to do it. は、生成文法などでは persuade などとの違いとしてよく引き合いに出されるものの、母語話者の約6割が使っておらず、不定詞の意味上の主語が、主節の主語なのか目的語なのか紛らわしいと感じる人がいるので、私たち日本人は、Tom promised Ann (that) he would do it. のように、that 節を用い

た構文パターンを使用するのが無難であると考えられます。

　しかし、同時に、約 4 割の人がこの構文パターンをまったく問題がなく、文法的で適格な文だと判断していることもまた事実です。4 割というのは、半分に近い大きな比率です。しかも、鷹家・林（2004）の 6 年後の調査が、この構文パターンが急速に消え失せようとしている構文ではなく、安定した比率の使用者を維持していることを示しています。したがって、この構文パターンは、不適格なわけでも非標準的なわけでもなく、適格で容認可能であるということを最後に強調しておきたいと思います。

付記・参考文献

【第1章】
【付記1】 『ジーニアス英和辞典』は、help が to をとる場合ととらない場合で意味が異なるかどうかに関して、第4版（2006: 927）と第5版（2014: 1001）で次のように異なる見解を提示しています（下線は筆者）。

(i) 第4版：to は、リズムや文体にもよるが、S（主語）が<u>直接「手を貸して」を含意するときに多く省略される</u>。したがって、He helped me climb the stairs by propping me up with his shoulder.（= 本文（2a）の Bolinger の例文）のような場合では <u>to をつけないのがふつう</u>。

(ii) 第5版：to の有無はスタイルや口調によって決定されることが多い。意味の上で to do は間接的な援助に、do は直接的な援助に用いられるという傾向は見られるが、わずかな違いなので<u>ほぼ同義と考えて差し支えない</u>。

第4版は、Bolinger の主張に沿って、to の有無は主語の手助けが直接的か間接的かという、意味の違いがあると述べています。一方、第5版は、そのような「傾向は見られる」ものの、「ほぼ同義と考えて差し支えない」と述べています。本章を読み続けていただくと明らかになりますが、第5版の「意味の上で to do は間接的な援助に、do は直接的な援助に用いられるという傾向は見られる」という主張は、維持できません。

【付記2】 同じような主張は、Wood（1962: 107-108）や Quirk et al.（1972: 841）にも見られます。Wood は、主語の手伝う人が問題となっている動作を部分的に行なったり、目的語の手助けを受

ける人とその動作を一緒にしたりする場合に、to が省略されると述べています。また Quirk et al. は、主語の手伝う人が問題となっている動作に関わっている／関与している（involved）場合に、to のない形が用いられると述べています。（ただ、Quirk et al. (1972) の改訂版である Quirk et al. (1985: 1206) には、この記述はありません。）

【付記3】 Help が to をとるかとらないかは単にスタイルや地域の違いであるとの母語話者の回答は、いくつかの文献によっても裏づけることができます。Leech et al. (2009: 188) は、to を用いるのは堅い（formal）スタイルで好まれ、to のない形はくだけた（informal）スタイルで好まれると述べています。また Biber et al. (1999: 735) は、help someone VP, help VP のように to のない形と、help someone **to** VP, help **to** VP のように to のある形では、アメリカ英語でもイギリス英語でも、to のない方が一般的で、特にアメリカ英語では、to のない方が多く用いられると述べています（Quirk et al. (1985: 1206), Leech et al. (2009: 187-193) も参照）。

McEnery and Xiao (2005) は、アメリカ英語の Brown Corpus (1961), Frown Corpus (the Freiburg-Brown Corpus) (1991) と、イギリス英語の LOB (the Lancaster-Oslo/Bergen Corpus) (1961), F-LOB (the Freiburg-Lancaster-Oslo/Bergen Corpus) (1991) を検索し、アメリカ英語では、to のない形が 786 例、to のある形が 203 例で、to のない例がある例の 3.8 倍なのに対し、イギリス英語では、to のない形が 397 例、to のある形が 365 例で、1.08 倍とほぼ拮抗している事実を示しています。また、アメリカ英語の話し言葉のコーパス CPSA (the Corpus of Professional Spoken American English) では、to のない形が 457 例、to のある形が 100 例で、前者が後者の 4.57 倍と高いのに対し、イギリス英語の話し言葉のコーパス BNCS (the Spoken Component of the British National Corpus) では、to のない形が 249 例、to のある形が 192 例で、前者が後者の 1.29 倍であることを示しています。したがって、to のない形は、イギリス英語よりアメリカ英語でより頻繁に用いられ、特にアメリカ英語の話し言葉でより多く用いられていることが分かります（コーパスに基づく分析に関しては、Leech et al.（2009:187-193）も大変参考になります）。

【付記4】　(5) の回答者が to のある形を old-fashioned と述べていることに関して一言付け加えます。【付記3】で言及した McEnery and Xiao（2005）のコーパス調査によれば、to のない形は、アメリカ英語では、1960 年代には 68 ％ だったのが、30 年後の 1990 年代には 82 ％ に上昇し、イギリス英語では、1960 年代に 22 ％ だったのが、1990 年代には 60 ％ に上昇したとのことです。そのため、(5) の回答者が to のある形を old-fashioned だと言うのもうなづけます。

【付記5】　(8b) の例文の主語 Using the occasional cheers of support from the crowd は、「聴衆が時々かけてくれる声援を用いること」という行為を表わしており、〈人間〉ではありません。〈人間〉なら、目的語が行なう動作を自分も一緒に行なうことができますが、〈無生物〉はそうすることができません。しかし、〈無生物〉が主語で、to をとらない help someone VP パターンは、次のように極めて頻繁に用いられています。

(i) **Perseverance Helped Him Climb** Corporate Ladder and Mt. Kilimanjaro.（間接的手助け）
「辛抱強さが、彼が会社の出世の階段とキリマンジャロを登る手助けとなった。」

【付記6】 私たちは母語話者に（3a, b）も示して、Dixon の主張に同意するかどうかも尋ねました。するとみな一様に、そのような違いはまったくなく、彼の言っていることは信じられないとか、間違っているとの強い反対の意見が返ってきました。

【付記7】 Help は、He helped (to) solve the problem. のように、someone のないパターンでも用いられます。このパターンでも、to があれば間接的手助け、なければ直接的手助け、という意味の違いはありません。なぜなら、たとえば次の文では、タクシーの運転手が自らの手を貸してかばんをホテルに運んでいると解釈され、直接的な手助けをしていますが、to があってもなくてもまったく自然で、適格だからです。
 (i) The taxi driver helped (to) carry the bags into the hotel.
　　「タクシーの運転手は、かばんをホテルに運ぶのを手伝った。」

【第2章】

【付記1】 Meet, marry が、(2b), (3b) とは異なり、受身になる場合がありますが、この点に関しては、【付記3】を参照してください。

【付記2】 この相互動詞のリストに divorce（「…と離婚する」）という動詞も入るのではないかと思われる方が多いかもしれませんが、その点については、本章の最後で説明します。

【付記3】 Meet には、相互動詞の「〈人に〉偶然に出会う」という意味ではなく、「出迎える」という意味もあり、marry にも、相互動詞の「…と結婚する」という意味ではなく、「〈牧師などが〉

…の結婚式を行なう」という意味もあります。このような意味の場合は、主語指示物が目的語指示物を出迎えたり、目的語指示物に対して結婚式を行なうので、「行為者がある対象に対して何かを一方的に行なう」という受身文の基本的な意味条件が満たされており、次のような受身文は適格です。

(i) a. At the Rome Airport we **were met by an Italian lady** who was an official licensed guide.
 b. Dick and I **were married by the priest** on March 20, 2010.

【付記4】 Halliday (1967: 68) は、resemble は一般に受身にならないものの、次の受身文は適格だとしています。

(i) Mary isn't resembled by any of her children.

しかし、私たちのネイティヴスピーカー・コンサルタントたちは、この文を不適格と判断し、この場合も次のように、能動文で言うのが普通だと言いました。

(ii) None of Mary's children resembles her.

【付記5】 (35a) (=None of Mary's children resembles her.) は、話し手の視点関係に矛盾があることにお気づきの方があるかもしれません。すなわち、話し手は、resemble の主語を none of Mary's children にしているので、メアリーの子供寄りの視点をとっていますが、Mary's children という表現は、メアリー寄りの視点を表わしているため、両者が矛盾しています。しかし、この矛盾は、子供と親の類似は、親を類似の基準として表わさなければならないという社会的習慣に従ったために引き起こされたものであって、話し手が意図的に引き起こしたものではありません。したがって、この矛盾には、ペナルティーが課せられないので、(35a) が適格となるわけです。

【コラム①】

【付記1】 カマリの返事は、"I'm good." と言い切りになっていますが、家族や親しい友人の間の会話以外は、"I'm good, thanks." というのが普通です。非常に丁寧な人は、"I'm good, thank you." と言います。

【付記2】 私たちには、アメリカ生まれの英語が母語で、たどたどしい日本語を話す娘が二人いますが、この娘たちが、我々と一緒に住んでいた小・中・高校生の時代（1975 – 1988 年頃）に、食卓で、辞退の意味で、"I'm good." という表現を使うのを聞いたことは一度もありませんでした。（娘たちとの会話はなるべく日本語を使うようにしていたのですが、どうしてもプラクティカルな理由で、英語が主になってしまいました。）また、大学に入って、週末や休暇に私たちと食事をするようなときにも、この表現を辞退の意味で使うのを聞いたことがありませんでした。

【付記3】 たきざわひで氏の『いいえ、けっこうです。英語で断る表現おすすめ10選』の「レストランで使える「いいえ、けっこうです。」」(http://maji-eigo.jp/ordinary-conversation/no-thank-you) に、「"Thank you, but no thank you" 以外の断り方で、ネイティヴがよく使う表現を紹介します。やっぱり日本人としては、答えるときに "No" が入ってしまうと相手に対して失礼になってしまうのではと気になる方は、下の表現を是非覚えておきましょう」として、"I'm good, thank you," "I'm good, thanks"（および "I'm ok, thank you," "I'm ok, thanks"）があげられています。

【付記4】 (11b-d) は、Chungmin Lee (1993: 302) からの文で、Lee はこれらの文の適格度を "?" か "??" とマークしていますが、

筆者のネイティヴスピーカー・コンサルタントは、これらをすべて不適格文と判断します。

【付記5】 人が、バケツの上に立って、首に縄を巻き、バケツを蹴りのけて (kick) 自殺した、というのが、この熟語 "kick the bucket <死ぬ>" の起源であり、その kick の意味的主語選択制限の名残が (11) に現われているという説があります (Chungmin Lee 1993: 302)。

【付記6】 "TOP DEFINITION" は、辞書管理者が、見出し語の最適の定義と判断したものに付しているものです。

【付記7】 学習院大学教授、真野泰先生からいただいた情報です。

【第3章】

【付記1】 (3) の「To 不定詞句をとる動詞」にあがっている neglect (〜し忘れる／〜しないでおく) と omit (〜し忘れる／〜するのを怠る) は、Quirk et al. (1972: 836) では、to 不定詞句と動名詞句の両方をとる動詞としてあげられていましたが、Quirk et al. (1985: 1187) では、to 不定詞句のみをとる動詞として修正されています。このような食い違いは、英和辞典にも見られ、たとえば『フェイバリット英和辞典』(第3版、2005) では、これらの動詞が両方の形をとるとされていますが、『ジーニアス英和辞典』(第5版、2014) や『ウィズダム英和辞典』(第3版、2013) では、to 不定詞句のみをとる動詞とされています。Attempt についても同様のことが言え、Quirk et al. (1985: 1187) は、両方の形をとるとしていますが、*Longman Dictionary of Contemporary English for*

Advanced Learners（2009）は、to 不定詞句のみをとる動詞としています。ただ、これら 3 つの動詞が動名詞句をとる場合は少なく、to 不定詞句をとるのが一般的ですので、これらの動詞を (3) のリストに入れます。なお、(3) のリストに propose が入っており、この動詞は動名詞句もとるのではと思われる読者が多いと思います。この点に関しては、【付記 14】を参照ください。

【付記 2】 (3) のリストにあがっている agree, aim, long が to 不定詞句をとり、動名詞句をとれないことには、実は構文法的理由があります。これらの動詞は、(3) にあがっている他の動詞と異なり、名詞句を目的語としてとることができません（e.g. *He agreed the proposal. / √He agreed **to** the proposal.）これらの動詞は、agree to, aim at, long for として前置詞を伴って用いられなければ、他動詞の機能を果たすことができません。したがって、*The president agrees talking to the workers.（=1c）が非文法的であることは自明です。これらの複合他動詞が不定詞句目的語をとれば、*agree to to do, *aim at to do, *long for to do となりますが、英語の一般原則として、最初の to, at, for が削除され、agree to do, aim to do, long to do となります。（前置詞が重ならなければ、最初の前置詞の省略は起きません：例 What I aim at is to complete the thesis by the end of this month.）他方、これらの複合他動詞が動名詞句をとれば、適格表現 agree to doing, aim at doing, long for doing となりますが、前置詞を省略する規則がないので、*agree doing, *aim doing, *long doing は不適格となります。

【付記 3】 (4) の「動名詞句をとる動詞」のリストに stop があがっていますが、読者の中には、次のような例文を思い出して、stop は動名詞句だけでなく、to 不定詞句もとると思われる人がおられ

るかもしれません。

(i) a. He stopped **smoking**. 「彼はタバコを吸うのをやめた。」
    b. He stopped **to smoke**.
       「彼はタバコを吸うために立ち止まった。」

しかし、(ib) の to smoke は、stopped の目的語ではなく、「タバコを吸うために」(in order to smoke) という意味で、副詞的働きをしています。したがって、stop は、目的語として動名詞句だけでなく、to 不定詞句もとるとは言えません。

同じことは、(4) のリストにあがっている dread (〜するのを恐れる) についても言え、この動詞も、動名詞句だけでなく、to 不定詞句もとるとしばしば言われます (たとえば Quirk et al. (1985: 1187) 参照)。しかし、次の (iia) の動名詞句は dread の目的語として機能していますが、(iib) の to 不定詞句は、"I'm disappointed to find out that I didn't get the job." の不定詞句と同様、付帯条件 (原因) を表わす副詞的用法です。そのため、この dread は他動詞ではなく、自動詞です。

(ii) a. I dread **meeting** that professor.
       「あの教授に会うのは嫌だ。」
    b. I dread **to think** what may happen to our country in the future.
       「将来私たちの国がどうなるか考えると、私は怖くなる。」

【付記4】 過去指向解釈動詞の中には、次節で述べる「現在指向解釈」(「現在〜{している／である}ことを...」) を許すものもあります。Admit がその例です。

(i) I **admit being** a Harry Potter addict. (実例)
    「私は、ハリー・ポッター中毒患者であることを認めます。」

例文（i）が示しているように、過去指向解釈動詞は、現在指向解釈の場合でも、動名詞句をその目的語とします。

過去指向解釈動詞に現在指向解釈があるかどうかについて、読者が気にかける必要はありません。なぜなら、過去指向解釈動詞は、それに現在指向解釈があるかないかにかかわらず、その目的語に動名詞句をとるからです。

【付記5】 Mention も、【付記4】で指摘した admit と同様に、「現在指向解釈」(「現在〜していることを述べる」) を許します。次がその例です。

(i) I didn't **mention having** recurrent heartburn.
「私は胸焼けが繰り返し起こっていることを言わなかった。」

Mention は、次のように、すでに確定している未来の予定や計画についても述べることができますが、これは、現在において確定している予定や計画を述べるという点で、現在指向解釈と考えられます (【付記6】も参照)。

(ii) Bill told us about his plans to go to Phoenix. But he didn't **mention visiting** Mary. (cf. (16) の mention の例文)
「ビルはフェニックスへ行く計画について私たちに話したが、そこでメアリーを訪ねることは言わなかった。」

(16) の mention の例文と (ii) の例文から分かるように、He didn't mention **visiting** Mary. は、「メアリーを訪ねたことを言わなかった」と「メアリーを訪ねることを言わなかった」の2つの解釈があることになります。母語話者にこの文のみを示して、どちらの解釈が強いかを尋ねると、すでに実現したことを言わなかったという、前者の解釈の方が優勢とのことでした。したがって、mention を基本的に過去指向解釈動詞と考えることが妥当である

と言えます。

【付記6】 Defer, delay, postpone などの延期を意味する動詞は、厳密に言えば、未来の計画の延期を表わすこともできるわけですが、未来指向解釈動詞とは異なり、現存の計画を延期することを表わし得る、という点で、現在指向解釈動詞の正式な資格を持っているものと考えます。

【付記7】 Regret が動名詞句と to 不定詞句をとる場合で、その動詞に関してこのような違いがあるという点は、たとえば *Longman Dictionary of Contemporary English for Advanced Learners* (2009) が、regret がとる構文パターンの見出しとして、動名詞句の場合は、"regret **doing** something" を示し、to 不定詞句の場合は、"regret to **say/inform/tell**" を示して、動詞を限定していることにも観察されます。

【付記8】 動詞 try が to 不定詞句と動名詞句の両方を目的語にとることを推測するには、英語学習者は、try の意味を単に「試みる、やってみる」とだけ覚えるのではなく、try に (31a) と (31b) に示した2つの意味があることを覚えておかなければなりません。多くの英和辞典 (たとえば、『ジーニアス英和辞典』(第5版、2014)、『ウィズダム英和辞典』(第3版、2013) など) は、この点に関して、try が to 不定詞句をとる場合は「〜しようと試みる／〜しようとする」、動名詞句をとる場合は「試しに〜してみる」という訳語を与え、try に (31a, b) に示した2つの意味があることを正確に訳し分けています。

【付記9】 Swan (2005: 275) や安藤 (2005: 263) は、try のように、

to 不定詞句と動名詞句の両方を目的語にとる動詞として、go on をあげています。

(i) go on to do:「続けて〜する」

He stopped speaking and **went on to read** the letter.

「彼は話をやめ、今度はその手紙を読みにかかった。」

(ii) go on doing:「〜し続ける」

He **went on reading** for hours.

「彼は何時間も読書を続けた。」

しかし、go on は、Go on **with** your work.（仕事を続けなさい）のように with を伴い、*Go on your work. と言えないことからも分かりますが、自動詞です。そして on は、She went on and told me all about her problems.（「彼女は話し続けて、彼女の悩みのすべてを私に話した」）のような例から明らかなように、前置詞ではなくて、副詞です。したがって、(i) の to 不定詞句 to read the letter は、結果を表わす副詞的用法の不定詞であり、(ii) の reading for hours は、付帯状況を表わす分詞構文であると考えられ、これらを目的語と考えるのは妥当でないと思われます。

【付記 10】 (35) の例で、to 不定詞句と動名詞句をとる場合で意味の違いはありませんし、次のような例でも、(a) と (b) の間に認識できるような意味の違いはありません。

(i) a. John **likes to spend** Sunday mornings in bed.

b. John **likes spending** Sunday mornings in bed.

(ii) a. I **hate to tell** you this, but you seem to have missed a very important meeting yesterday and some people are angry.

b. I **hate telling** you this, but you seem to have missed a very important meeting yesterday and some people are angry.

(iii) a. Do you **prefer to cook** for yourself, or **to eat** in a restaurant?

b. Do you **prefer cooking** for yourself, or **eating** in a restaurant?

((iiia, b) は Quirk et al. (1985: 1186, 1192) より)

(ia, b) に関して、Dirven (1989) や Ungerer and Schmid (1996) は、(ia) の to 不定詞句は、ジョンの習慣 (habit) を、(ib) の動名詞句は、ジョンに関する一般的陳述 (general statement) を表わすと述べています。しかし、私たちは多くの母語話者にこの点を尋ねましたが、全員がそのような違いはまったく感じられず、両者に意味の違いはないとのことでした。

【付記 11】 Dixon (1991: 241) は、continue が両方の形をとる場合、次のような意味の違いがあると述べています (安藤 (2005: 266) も参照)。

(i) a. He **continued to speak**.
「彼は(一度中断した後で)また話し続けた。」
b. He **continued speaking**.
「彼は(中断せずに)話し続けた。」

しかし、私たちのネイティヴスピーカー・コンサルタントたちは、Dixon が指摘するような意味の違いはなく、(ia, b) は同じ意味を表わしていると言います。また、Huddleston and Pullum (2002: 1241) も、次の continue の例をあげ、両者に識別できるような意味の違いはないと述べています(私たちのネイティヴスピーカー・コンサルタントたちも同じ意見でした)。

(ii) a. He **continued to see** her every Sunday.
b. He **continued seeing** her every Sunday.

【付記 12】 Quirk et al. (1985: 1192) は、次の (ia, b) では両者に意味の違いはないが、(iia, b) では、to 不定詞句が「可能性」(potentiality) を表わすのに対し、動名詞句は「実際に起こった事柄」(performance) を表わすと述べています。

(i) a. Lucy **started / continued / ceased to write** while in hospital.

b. Lucy **started / continued / ceased writing** while in hospital.

(ii) a. He **started to speak**, but stopped because she objected.

b. He **started speaking**, and kept on for more than an hour.

しかし、私たちのネイティヴスピーカー・コンサルタントたちによれば、(iia, b) の第 2 文を入れ替えた次の (iiia, b) もまったく適格であり、start が to 不定詞句をとるか動名詞句をとるかで、Quirk et al. が述べるような違いは感じられないと言います。

(iii) a. He **started to speak**, and kept on for more than an hour.

b. He **started speaking**, but stopped because she objected.

さらに、"started to *and kept on" と "started to *but stopped" をグーグル検索すると、次の用例件数がありました。

(iv) a. started to *and kept on: 351,000,000 ［1.7 倍］

b. started to *but stopped: 208,000,000

したがって、start が to 不定詞句と動名詞句をとる場合で、Quirk et al. (1985) が指摘するような意味の違いは、(よほど言語感覚に鋭い人でない限り) 一般には感じられないと考えるのが妥当だと思われます。

Quirk et al. (1985: 1192) は、さらに次の例をあげ、「すべての食器戸棚を開け始めた」という場合は、食器戸棚を開けるという行為が何回も行なわれているので、opening の方が妥当であると述べています。

(v) He **began {to open / opening}** all the cupboards.

しかし、ここでも私たちのネイティヴスピーカー・コンサルタントたちは、(v) で to open と opening はどちらも可能で、opening の方が妥当であるということはないと言います。また、グーグル

検索をしてみると、次のような用例件数でした。

- (vi) a. began to open all the:　　423,000 ［163倍］
  - b. began opening all the:　　2,590
- (vii) a. began to read all the:　　320,000 ［16倍］
  - b. began reading all the:　　19,500
- (viii) a. began to destroy all the: 558,000 ［185倍］
  - b. began destroying all the:　3,020

いずれの場合も、すべての〜を開け始めたり、読み始めたり、壊し始めたりしたので、それらの行為が何回も行なわれていますが、Quirk et al. (1985) の主張とは逆に、to 不定詞句を用いる方が圧倒的多数を占めています。

【付記13】 (16)で考察した mention には、本文で観察したように、その主語と動名詞句の意味上の主語が一致する場合だけでなく、次のように、両者が異なる場合もあります。

(i) He was talking about things such as yawning at the dinner table, and sneezing without covering the mouth as impolite or rude acts, but he didn't **mention** texting in class. (実例)
「彼は、ディナー・テーブルであくびをしたり、口を覆わないでくしゃみをするというようなことが無作法、無礼な行為であると話していたが、授業中に携帯でメールを送ることについては言及しなかった。」

(i)で、授業中に携帯でメールを送るのは、授業に出ている学生等で、この文の主語 he ではありません。よって、mention は、(42a-f) の主動詞と同じ用法も持っていることになります。

【付記14】 Recommend, suggest は、目的語に動名詞句をとり、to 不定詞句はとりません。同様の意味を持つ propose (「未来に〜す

ることを提案する」）は、母語話者によって適格性判断が異なりますが、固い（formal）用法で、次のように動名詞句だけでなく、to 不定詞句もとります。

（i）　I **propose {to put off / putting off}** the project.
　　　「私は、そのプロジェクトを延期することを提案する。」

ここで興味深いことは、to 不定詞句の場合は、その意味上の主語が主動詞の主語（=I）と同じですが、動名詞句の場合は次のように言い換えられ、意味上の主語が主動詞の主語の指示対象と文の聞き手のセット（例文（i）の場合は主語 I と、聞き手 you のセットの we）であると解釈されます。

（ii）　**I propose that we put off the project.**

したがって、（i）で propose が to 不定詞句と動名詞句をとる場合で、意味が異なることになります。

【第4章】

【付記1】　この点は、専門的な言い方をすれば、(15a, b), (20) の不適格性が、Grice (1975) の「協調の原理」(Cooperative Principle) を構成する4つの格率のうち、次の「量の格率」(Maxim of Quantity) に違反しているためであるとして説明できます。

（i）　量の格率：<u>求められている情報を提供し</u>、求められている以上の情報を提供してはいけない。

つまり、(15a, b) のような文は、身体のどこにキスしたかを述べることが求められているのに、それを提供していないので、不適格であるというわけです。

【付記2】　(24a, b) の括弧の中の cf. 文の down は、下記の文が適格であることが示しているように、前置詞ではなく、不変化詞 (particle) です。

(i) She gulped **down** the water.
He swallowed the water **down**.

他方、前置詞＋目的語の目的語は、(i) のような語順変換を許しません。

(ii) *She gulped the water **at** / **on**.
*He swallowed the water **at** / **on**.

したがって、(24a, b) の括弧の中の cf. 文の the water は、他動詞 gulped, swallowed の直接目的語です。

【付記3】「ヲ」格名詞句と「デ」格名詞句のこのような意味の違いは、すでに久野（1973: 58-60）で指摘され、そこで次の一般化が示されています。

(i) 「名詞＋ヲ」：動詞によって表わされる運動が、名詞によって表わされる距離又は空間の全範囲（或いはかなりの部分）に渡って続けて一方向に向かって行なわれることを示す。
(ii) 「名詞＋デ」：動詞によって表わされる運動が、名詞によって表わされる距離、又は、空間の極く一部分で、必ずしも連続的、一方向的でなく行なわれることを示す。

【コラム②】

【付記1】 *New York Times* の Op-Ed ページは、社説ページの反対側全面を占めるページで、コリンズのほかに、Paul Kruguman（ノーベル経済学賞受賞者—経済・貿易・ヘルスケアー・社会政策）、Maureen Dowd（Pulitzer Prize 受賞者—政治・文化）、Thomas Friedman（Pulitzer Prize を3度受賞—外交・グローバリゼーション・テクノロジー）など、錚々たる常連コラムニストの論説や、有識者からの投稿論説を掲載するページです。

【付記2】 文末の e は、疑問詞が文頭に移動される以前に占めていた位置を示します。(2) が複文疑問文になっているのは、単文疑問文 *How much is the admission fee almost/nearly e?「入場料はいくらに近いか？」は、語用論的に使われそうもない疑問文（なぜなら、質問者は、やぶからぼうにそんな質問はせず、直接的に、How much is the admission fee? と尋ねるでしょうから）だからです。

【付記3】 言語学的ジョークは、インターネットの数多くのサイトにリストアップされ、リスト間の重複が多く、リストを書いた人が、その人自身作ったジョークだと述べているものを除いては、個人のプロパティーという色彩がほとんどありません。このコラムでは、そういう個人のジョークは用いていませんので、ジョークの出典は明記しません。

【付記4】 「不愉快極まりない、最低だ」の意味の suck は、品の悪い表現で、子供たちの間の会話、若者たちの間ではよく聞かれる表現ですが、あらたまった場面の会話では使ってはいけないものですから、用心してください。

【付記5】 それ以前の計算研究所の自動翻訳システムプロジェクトは、ロシア語を英語に翻訳するシステムの開発を目標としていましたが、インプットされたロシア語文に、可能なあらゆる構文分析を与えることができるものではありませんでした。

【付記6】 このシステムは、Time flies like an arrow. に、さらに次の3つの構文解析をアウトプットしました。
　(i)　a.　矢が飛ぶように、時が飛ぶ。

  b. 矢を測るように、蠅を測れ。
  c. 矢のような蠅を測れ。

【第5章】

【付記1】 (1a-c)のような文が<u>中間構文</u>（または「能動受動構文」(activo-passive construction)）と呼ばれる理由は、もともと他動詞である drive, sell, read のような動詞が、そのままの形（能動形）で、受動形動詞 be driven, be sold, be read と同様に、その目的語を主語とし、そのあとに目的語をとらない自動詞として用いられている、能動構文と受動構文の中間の構文だからです。

 なお、研究者の間で意見が分かれますが、他動詞の目的語ではなく、本来、前置詞の目的語である要素が主語になる、次のような文も中間構文に含める場合があります（【付記5】参照）。

(i) a. <u>This new knife</u> **cuts** easily.（道具）

   (cf. You can cut something easily with <u>this new knife</u>.)

  b. <u>This pen</u> **writes** {nicely / very well for the price}.（道具）

【付記2】 「能格動詞」という用語について、ここで簡単に説明します。「能格」とは、バスク語、オーストラリア原住民諸言語、アメリカ先住民諸言語など、「能格言語」と呼ばれる言語において、他動詞文の主語が持つ格（case）をいいます。これらの言語では、自動詞文の主語と他動詞文の目的語は、別の同一格形態（絶対格）で表わされます。そしてこのように、<u>自動詞文の主語と他動詞文の目的語が同等の扱いを受けること</u>は、「能格性」と呼ばれています。

 能格言語ではない言語においても、この能格性を示す現象があり、(9)-(11) の open, break, stop は、<u>自動詞文の主語と他動詞文の目的語に同じ要素をとっています</u>。これは、格の観点からでは

なく、このような動詞が、自動詞文の主語と他動詞文の目的語に行為・動作を受ける対象物をとるという意味的な観点からですが、能格性を示していることになります。そのため、これらの動詞は能格動詞と呼ばれます。

【付記3】 Keyser and Roeper (1984), Levin (1993), 吉村 (1995) 等は、(19a-d) のように能格動詞を用いて主語の特性を表わす文を中間構文と呼んでいます。そして、たとえば次の (ia) の open を能格動詞、(ib) の open を中間動詞と呼んでいます。

(i)　a.　The door **opens**.（能格動詞）
　　　b.　The door **opens** easily.（中間動詞）

しかし、能格動詞を用いた (19a-d), (ib) を中間構文と呼ぶと、本文で指摘したように、主語の特性を表わすというのが、中間構文の唯一の機能であるのに、能格動詞文は、それ以外の機能、たとえば過去の1回きりの事象を述べるというような機能をなぜ持っているのか説明できません。また、open のような能格動詞を (ib) では「中間動詞」と呼ぶことにも、次のような大きな問題があると考えられます。「能格動詞」というのは、動詞という品詞の細目で、構文法的に確立しており、任意の動詞（たとえば open, break）が能格動詞であれば、それに対応する［他動詞＋目的語］（たとえば opened the door, broke the window）の目的語を主語にすれば、適格文（The door opened., The window broke.）ができます。他方、「中間動詞」というのは、「特定の中間構文に現われるか否か」にのみ依存する名称で、品詞名ではありません。たとえば (8b)（=［ある母語話者がニューヨークタイムズの記事を友人にメールで送ろうとしたがうまく送れず、その友人に書いた文］Sorry, but that article won't **send**.）の適格性をもとに、「send は中間動詞である」と主張したところで、中間動詞構文の研究者

でさえ、(8b) のような実例を見つけられる人はほとんどいないものと思われます ((8a) の Levin (1993) の例文を参照)。したがって、Keyser and Roeper (1984) のように、(ib) の open の品詞が中間動詞であると主張するのは意味をなさないと考えられます。

【付記4】 (23a, b) の不適格性は、専門的な言い方をすれば、これらの文が Grice (1975) の「協調の原理」(Cooperative Principle) を構成する4つの格率のうち、次の「量の格率」(Maxim of Quantity) に違反しているためであるとして説明できます。

(i) 量の格率：求められている情報を提供し、求められている以上の情報を提供してはいけない。

【付記5】【付記1】で述べた、前置詞の目的語が主語となる次のような文も、(27) の中間構文の意味的性格付けを満たしています。

(i) a. <u>This new knife</u> **cuts** easily.（道具）
　　b. <u>This pen</u> **writes** {nicely / very well for the price}.（道具）

(ia) は、主語の「この新しいナイフ」が「よく切れる」という事象をあたかも自発的に引き起こしているかのように記述して、その特性を述べています。(ib) も同様です。

【付記6】 (32a) (=I don't photograph well.) は、文脈がなければ、「私は写真を撮るのがうまくない」という意味も表わすと思われるかもしれませんが、私たちのネイティヴスピーカー・コンサルタントたちによれば、この文にはそのような意味はないとのことです。その意味を表わすには、I'm not good at photography. のような文が用いられます。

【付記7】 (36) は、buy と sell が一緒に用いられて適格となり、次に示すように、sell だけでも用いられますが、buy だけだと不適格になります。

(i) a. Ebay merchandise **sells** easily.

　　b. *Ebay merchandise **buys** easily.

　　c. *Ebay merchandise **sells** easily, and it **buys** easily as well.

(ib, c) の不適格性は、(35) の制約の反例ですが、どうしてこれらの文が不適格なのか、今のところ明らかではありません。

【付記8】 Levin (1993) であがっている中間構文の不適格例も同様に説明できます。たとえば次の例を見てください。

(i) a. *French fabrics adore easily. (p. 26)

　　b. *The answer knows easily. (p. 26)

　　c. *The books put on the table easily. (p. 111)

　　d. *Softballs toss easily. (p. 147)

　　e. *Naughty children spank easily. (p. 152)

　　f. *Runaway cats spot easily. (p. 187)

　　g. *Cities destroy easily. (p. 239)

フランスの織物を賞賛したり、その答えが分かるかどうかは、その人次第で、織物やその答えの特性が、そのような事象を簡単にしたりはしません。また、本をテーブルの上に置いたり、ソフトボールをトスするのも、人間がそうするかどうかであって、本やソフトボールが持っている特性が、このような事象を自発的に引き起こしたりはしません。(ie-g) でも同様です。よって、上記の文はすべて (35) の制約を満たしておらず、不適格です。

【付記9】 同じことは、次の2文についても言えます。谷口 (2005: 186) は (ia) を適格文として提示していますが、私たち

のネイティヴスピーカー・コンサルタントたちは、この文をボーダーライン（?）だと判断し、主語を（ib）のようにすると適格文になると言います。

(i) a. The Latin text **translates** easily.

b. This Spanish book **translates** easily into English. (=2c)

ラテン語のテキストが、他の言語に簡単に翻訳できる特性を持つと考えるかどうかは個人差があるでしょうし、何語を頭に浮かべるかによっても大きな違いがあるものと思われます。他方、スペイン語と英語だと類似点が多く、翻訳がしやすくなる特性を持つと判断しやすくなります。ただ、それでも最も自然な表現は、次の受身文だとのことです。

(ii) This Spanish book **is easily translated** into English.

ボーダーラインの(ia)は、次のような対比的文脈で用いられると、適格だと判断されます。

(iii) The Latin text **translates** easily, but the Greek text doesn't.

この理由は、本文の以下（46a, b）,（47a, b）の対比で述べます。

さらに、translate を用いた次の実例は否定文であり、文化やユーモアが翻訳できないという主語の特性を述べており、まったく自然です。

(iv) a. When Culture Doesn't **Translate**（見出し）

b. 19 things that happen when your text chemistry doesn't **translate**

c. Missing the Joke: Why Humor Doesn't **Translate**

【付記10】 谷口（2005）は認知言語学の立場から、中間構文には基本的に、典型的な他動関係、つまり、対象物の状態変化や位置変化を表わす他動詞のみ用いられると主張しています。そして、このような変化を含まない事態を表わす (i) 知覚動詞 (see, hear など)、(ii) 表面接触動詞 (hit, kick など)、(iii) 作成動詞 (build, knit など) は、中間構文には使用されないと述べています。この研究は大変示唆に富むものですが、それでもなお、たとえば build, knit のような作成動詞は、次に示すように中間構文に現われるので、問題があると思われます。

(i) a. This is a beautiful desk that **builds** easily. (実例)
 b. This cardigan is quite possibly the simplest construction imaginable — garter stitch with a few seams. It **knits** fast and looks great on any baby. (実例)

これらの例は、本文で観察した適格例と同様に、この机(の組み立てセット)やカーディガンの特性を述べており、机やカーディガンが、動詞句の表わす事象をあたかも自発的に引き起こしているとみなせる特性を持っていると考えられるので適格となります。

【コラム③】

【付記1】 「フライドポテト」の意味の chips は、アメリカ英語でも、fish and chips (レストランの軽食料理、テイクアウト料理としてポピュラーな魚のフライとフライドポテト) という表現に残されています。

【付記2】 Baggage が主にアメリカ英語で使われ、luggage が主にイギリス英語で使われますが、これは決して明確な区別ではありません。たとえば、アメリカン航空(米テキサス州フォートワースに本部を置く航空会社)のサイトには、**luggage** delivery service という表現が使われていますし、デルタ航空(米ジョージア州アトランタに本部を置く航空会社)のサイトでは、baggage が多く使われていますが、Find out everything you need to know about handling your **luggage**. という表現も見られます。またユーロスター（英仏海峡トンネルを通ってイギリスとヨーロッパ大陸を結ぶ国際列車）のサイトでは、baggage と luggage の両方が使われています。

【付記3】 Bathroom と toilet については、久野・高見（2015）『謎解きの英文法―副詞と数量詞』のコラム④「Toilet 考」（pp. 179-187）をご覧ください。

【付記4】 ただ、ウィキペディアによれば、**Mind** the gap という表現は、1968年頃、電車内での自動アナウンスのためにロンドンで作られて一般的となり、その後、アメリカのアムトラック（Amtrak）（＝アメリカで1971年に発足した、全米をネットワークする鉄道旅客輸送を運営する公共企業体）でも使われているとのことです。また2009年の初めには、アメリカのシアトルのバス（Metro Transit）で使われ、2016年にはボストンのMBTA（Massachusetts Bay transportation Authority）（＝バス、地下鉄、電車、フェリー等を運営する公共交通機関事業者）が、Government Center 駅のプラットフォームでの警告にこの表現を追加したそうです。一方、ニューヨークやニュージャージーでは、**Watch** the gap という表現が使われているとのことです。

【付記5】 語法に関しても、英米で様々な違いが見られます。たとえば、イギリス英語で（ia）のように現在完了形で表現される文が、アメリカ英語では（ib）のように過去形で表現されることがよくあります。また、主語と動詞の呼応に関して、イギリス英語では（iia）のように〈複数呼応〉が用いられるのに対し、アメリカ英語では（iib）のように〈単数呼応〉が用いられます。

(i) a. I **have lost** my ticket. **Have** you **seen** it?
  b. I **lost** my ticket. **Did** you **see** it?［アメリカ英語］
(ii) a. The committee **are** now discussing that issue.［イギリス英語］
  b. The committee **is** now discussing that issue.［アメリカ英語］

なお、(iia, b) のような主語と動詞の呼応に関する英米語の違いについては、久野・高見（2009）『謎解きの英文法—単数か複数か』を参照していただければ幸いです。

【第6章】

【付記1】 Swan（2005: 110）はさらに、物語などで、話し手でも聞き手でもない第三者が話題となり、その人が関心の的である場合、その人がいる（いた／いることになる）所への移動には、come が用いられると述べ、次の例を提示しています。この点は、本章でも後ほど取り上げます。

 (i) He waited till four o'clock, but she didn't **come**.

【付記2】 『ジーニアス英和辞典』（第5版、2014）の come の日本語訳は、「〈人・動物・車などが〉（話し手の方へ）（やって）来る；(聞き手の方へ) 行く」となっており、go の説明で、「英語では『相手の所へ行く』ことを come と言うので、『行く』と go は必ずしも一致しない」と述べられています。また、『フェイバリット英和辞典』（第3版、2005）には、「go は、話し手の方でも聞き手の方でもない『他の場所へ行く』ことを表わし、『聞き手の方へ行く』ことには come を用いる」と書かれています。いずれの記述も、(4a, b) の図式で表わした規定と一致しています。

【付記3】 「ホームベース」という概念は、Fillmore (1972: 9-11) で最初に用いられたもので、それ以後、大江 (1975)、久野 (1978) 等でも使われています。

【付記4】 東京とその上位ノード「日本」との間には、「東京横浜」、「関東」、「東日本」、「本州」、また、「日本本土」などの上位ノードがあります（(8) を参照）。

【付記5】 話し手や聞き手の「ホームベース」とは、本文の「ホームベース」の節で述べたように、「その人が、移動者の移動前に、または移動者の到達時に、いる所」です。つまり、話し手や聞き手が移動者と会ったり、インターアクションをするかどうかは、「ホームベース性」を決定する要因ではありません（この点は、次章の最後でさらに詳しい説明を行ないます）。一方、話し手・第三者が聞き手のホームベースに移動する際に、話し手がその移動を聞き手の視点から描写するか、あるいは話し手自身・第三者の視点から描写するかに関しては、本文で述べたように、移動者が聞き手のホームベースで、聞き手と会ってインターアクションをするかどうかが、決定的要因となります。なぜなら、移動者が聞き手のホームベースに移動しても、その移動が聞き手に関わりのない個人的な移動で、移動者が聞き手に会うこともなければ、話し手はその移動を聞き手の立場に立って描写しようがありません。一方、その移動によって、移動者が聞き手に会い、聞き手とインターアクションを行なうものであれば、その移動は聞き手に大きく関与するので、話し手はその移動を聞き手の立場に立って描写できるからです。

【第7章】

【付記1】 前章冒頭で考察した Swan (2005: 109-110) の規定 (以下に再録) では、「移動者の移動時に話し手または聞き手がいる所への移動」には come を用いるとなっています。

(i) We use *come* for movements to the place where the speaker or hearer is (or was or will be) at the time of the movements. We use *go* for movements to other places.

「移動時に話し手または聞き手がいる (いた／いることになる) 所への移動には come を用い、それ以外の所への移動には go を用いる。」

しかし、(4) の例では、淳がボストンに移動する際に、話し手はメインに行っており、ボストンにはいません。したがって、(i) の規定では、(4) で going ではなく、coming が用いられることを説明することができません。

【付記2】 (14b) で、話し手がスミス先生の退職パーティーに出席しても、そこにあまり長くいないつもりなら、going が使われます。なぜなら、聞き手のパーティー到達時に、話し手がパーティーにいるとは言えないので、そのパーティーは話し手のホームベースにはならないからです。この点に関しては、本文の (17a, b) でより詳しく述べます。

【第8章】

【付記】 話し手の視点が、疑問文ではこのように聞き手に移行しますが、大江 (1975: 87-91) は、この点が、英語では日本語より一層徹底していることを観察しています。

【第9章】

【付記1】 命令文の主語が You でない場合がありますが、この点に関しては久野・高見 (2013)『謎解きの英文法—省略と倒置』(第1章) を参照ください。

【付記2】 本章で説明する命令文の適格性条件は、すでに久野・高見 (2005)『謎解きの英文法—文の意味』(第1章、pp. 8-9)、(2014)『謎解きの英文法—使役』(第2章、pp. 18-20) で簡単に触れているので、参照ください。

【付記3】 (7) の意味的制約は、日本語の命令文にも当てはまります。次の例を見てください。
 (i) a. もっとゆっくり話しなさい。
    b. 先生、日本に留まってください。
 (ii) a. *新宿で花子に出会え。
    b. *君、英会話ができなさい。
    c. *もういい加減にテレビを見るのは飽きなさい。
    d. *困れ。

(ia, b) のゆっくり話したり、日本に留まるのは、自らの意志でできる自己制御可能な事象です。一方、(iia-d) の人に出会ったり、英会話ができたり、テレビを見るのに飽きたり、困るというのは、自らの意志ではコントロールできません。よって、前者は適格、後者は不適格です。

英語で、自己制御不可能な動詞を否定にすると、命令文が適格となる事実を (4a, b)、(5a, b) で示しましたが、同じことが日本語にも適用することは、これらの英文の日本語訳に示した通りですので、(4)、(5) で確認してください。

【参考文献】

- 安藤貞雄 (2005)『現代英文法講義』開拓社。
- Biber, Douglas, Stig Johansson, Geoffrey Leech, Susan Conrad and Edward Finegan (1999) *Longman Grammar of Spoken and Written English*. London: Longman.
- Bolinger, Dwight (1974) "Concept and Percept: Two Infinitive Constructions and Their Vicissitudes," *World Papers in Phonetics*: *Festschrift for Dr. Onishi's Kiju*, 65-91. Sankosha.
- Dirven, René (1989) "A Cognitive Perspective on Complementation," in Jaspers, Dany, Wim Klooster, Yvan Putseys and Pieter Seuren (eds.) *Sentential Complementation and the Lexicon: Studies in Honor of Wim de Geest*, 113-139. Dordrecht: Foris Publications.
- Dixon, Robert M. W. (1991) *A New Approach to English Grammar on Semantic Principles*. Oxford: Oxford University Press.
- Dixon, Robert M. W. (2005) *A Semantic Approach to English Grammar*. Oxford: Oxford University Press.
- Fagan, Sarah (1992) *The Syntax and Semantics of Middle Constructions*: *A Study with Special Reference to German*. Cambridge: Cambridge University Press.
- Fiengo, Robert (1980) *Surface Structure*: *The Interface of Autonomous Components*. Cambridge, MA: Harvard University Press.
- Fillmore, Charles (1972) "How to Know Whether You're Coming or Going," *Descriptive and Applied Linguistics* 5, 3-17. Tokyo, I.C.U.
- Givón, Talmy (1993) *English Grammar*: *A Function-Based Introduction*. Vol. II. Amsterdam: John Benjamins.
- Grice, Paul (1975) "Logic and Conversation," in Cole, Peter and

Jerry L. Morgan (eds.) *Syntax and Semantics 3: Speech Acts*, 41-58. New York: Academic Press.

☆ Guerssel, Mohamed, Ken Hale, Mary Laughren, Beth Levin and Josie W. Eagle. (1985) "A Cross-linguistic Study of Transitivity Alternations," *Papers from the Parasession on Causatives and Agentivity*, *CLS* 21, Part 2: 48-63.

☆ Halliday, Michael A. K. (1967) "Notes on Transitivity and Theme in English," Part 1, *Journal of Linguistics* 3: 1, 37-81.

☆ Huddleston, Rodney and Geoffrey K. Pullum (2002) *The Cambridge Grammar of the English Language*. Cambridge: Cambridge University Press.

☆ 影山太郎・高橋勝忠 (2011)「直接目的語と前置詞付き目的語」影山太郎 (編)『日英対照 名詞の意味と構文』119-147. 大修館書店。

☆ Keyser, Samuel Jay and Thomas Roeper (1984) "On the Middle and Ergative Constructions in English," *Linguistic Inquiry* 15:3, 381-416.

☆ Kiparsky, Paul and Carol Kiparsky (1970) "Fact," in Bierwisch, Manfred and Karl Erick Heidolph (eds.) *Progress in Linguistics: A Collection of Papers*, 143-173. The Hague: Mouton.

☆ 久野暲 (1973)『日本文法研究』大修館書店。

☆ 久野暲 (1977)「英語圏における敬語」大野晋・柴田武 (編)『岩波講座日本語4 敬語』301-331. 岩波書店。

☆ 久野暲 (1978)『談話の文法』大修館書店。

☆ 久野暲・高見健一 (2005)『謎解きの英文法―文の意味』くろしお出版。

☆ 久野暲・高見健一 (2013a)『謎解きの英文法―省略と倒置』くろしお出版。

- ☆ 久野暲・高見健一（2013b）『謎解きの英文法—時の表現』くろしお出版。
- ☆ 久野暲・高見健一（2014）『謎解きの英文法—使役』くろしお出版。
- ☆ 久野暲・高見健一（2015）『謎解きの英文法—副詞と数量詞』くろしお出版。
- ☆ Lakoff, George (1977) "Linguistic Gestalts," *CLS* 13, 236-287.
- ☆ Lee, Chungmin (1993) "Frozen Expressions and Semantic Representation,"『語学研究』第 29 巻第 3 号, 301-326.
- ☆ Leech, Geoffrey, Marianne Hundt, Christian Mair and Nicholas Smith (2009) *Change in Contemporary English: A Grammatical Study*. Cambridge: Cambridge University Press.
- ☆ Levin, Beth (1993) *English Verb Classes and Alternations: A Preliminary Investigation*. Chicago: University of Chicago Press.
- ☆ McEnery, Anthony and Zhonghua Xiao (2005) "*Help* or *Help to*: What Do Corpora Have to Say?" *English Studies* 86:2, 161-187.
- ☆ 大江三郎（1975）『日英語の比較表現—主観性をめぐって』南雲堂。
- ☆ Pinker, Steven (1989) *Learnability and Cognition*. Cambridge, MA: MIT Press.
- ☆ Quirk, Randolph, Sidney Greenbaum, Geoffrey Leech and Jan Svartvik (1972) *A Grammar of Contemporary English*. London: Longman.
- ☆ Quirk, Randolph, Sidney Greenbaum, Geoffrey Leech and Jan Svartvik (1985) *A Comprehensive Grammar of the English Language*. London: Longman.
- ☆ Swan, Michael (2005) *Practical English Usage*. Oxford: Oxford University Press.

- ☆ 高見健一 (1998)「John promised Mary to leave. は『正用法』か？」『英語青年』第 144 巻第 4 号（7 月号), 200-201.
- ☆ 高見健一・久野暲（2014）『日本語構文の意味と機能を探る』くろしお出版。
- ☆ 鷹家秀史・林龍次郎(2004)『詳説レクシスプラネットボード─103 人のネイティヴスピーカーに聞く生きた英文法・語法』旺文社。
- ☆ 谷口一美（2005）『事態概念の記号化に関する認知言語学的研究』ひつじ書房。
- ☆ Ungerer, Friedrich and Hans-Jorg Shmid (1996) *An Introduction to Cognitive Linguistics*. Boston: Addison-Wesley Publications.
- ☆ Wood, Frederick T. (1962) *Current English Usage*. London: Macmillan.
- ☆ 吉村公宏（1995）『認知意味論の方法─経験と動機の言語学』人文書院。

[著者紹介]

久野　暲（くの・すすむ）
1964年にハーバード大学言語学科Ph.D.を取得し、同学科で40年間教鞭をとる。現在、ハーバード大学名誉教授。主な著作に『日本文法研究』（大修館書店、1973）、『談話の文法』（大修館書店、1978）、『新日本文法研究』（大修館書店、1983）、Functional Syntax (University of Chicago Press, 1987) などがある。

高見　健一（たかみ・けんいち）
1990年に東京都立大学文学博士号を取得し、静岡大学、東京都立大学を経て、現在、学習院大学文学部教授。主な著作に Preposition Stranding (Mouton de Gruyter, 1992)、『機能的構文論による日英語比較』（くろしお出版、1995）、『日英語の機能的構文分析』（鳳書房、2001）などがある。

なお、二人の共著による主な著作に Grammar and Discourse Principles (University of Chicago Press, 1993)、『日英語の自動詞構文』（研究社、2002）、Quantifier Scope（くろしお出版、2002）、Functional Constraints in Grammar (John Benjamins, 2004)、『日本語機能的構文研究』（大修館書店、2006）、『英語の構文とその意味』（開拓社、2007）、『日本語構文の意味と機能を探る』（くろしお出版、2014）などがある。

謎解きの英文法　動詞

発行	2017年3月27日　第1刷発行 2023年1月31日　第2刷発行
著者	久野　暲・高見　健一
装丁	折原カズヒロ
イラスト	株式会社ぽるか　村山宇希
印刷所	藤原印刷株式会社
発行人	岡野秀夫
発行所	株式会社　くろしお出版 〒102-0084 東京都千代田区二番町4-3 TEL 03-6261-2867　FAX 03-6261-2879 https://www.9640.jp/　e-mail:kurosio@9640.jp

© Susumu Kuno, Ken-ichi Takami 2017 Printed in Japan

ISBN978-4-87424-724-2　C1082

●乱丁・落丁はおとりかえいたします。本書の無断転用・複製を禁じます。